幼儿园养成教育的理论与实践

◎杨梅芳 著

湘潭大学出版社
XIANGTAN UNIVERSITY PRESS

前　言

幼儿园教育是一个人漫长教育历程中最初的阶段，幼儿园的学习是孩子们是第一次接受学校教育，可以说与孩子的教育启蒙息息相关，因而十分重要。幼儿的生理和心理发展规律决定了幼儿认识世界、探索知识的途径很有限，正是依赖成年人的教导与帮扶的阶段，幼儿如同一张白纸，具有极强的可塑性，大人教什么，孩子就学什么。幼儿园教育并不是帮家长“看孩子”这么简单，往往还承担了幼儿的习惯养成、知识启蒙、审美培养、初步社会化等职责，甚至会对孩子的性格塑造产生影响。

古人云：“少成若天性，习惯如自然。”其意思为幼年时期形成的习惯如同人的天性一样自然、坚固。著名教育家叶圣陶先生就提出了“教育就是养成良好的行为习惯”的理念。教育家陶行知先生说过：“6岁以前是儿童人格陶冶的最佳时期，这个时期培养得好，以后只需顺着他继长增高的培养上去，自然成为社会优良分子，倘若培养不好，习惯成了不易改，倾向定了不易移，态度决了不易变。”可见，幼儿养成教育的重点在于习惯的养成。我们每个人的日常生活都是由一个个习惯组成的，饭前便后洗手、每天刷牙、勤洗澡换衣服、使用礼貌用语、每天坚持运动、闲暇时看书等，看似琐碎不起眼的一件件小事，经过长时间的积累可以形成巨大的能量，从而对一个人的人生产生巨大的影响，好的习惯使人受益终生，而幼儿园时期正是幼儿养成良好习惯的关键时期。

随着社会的发展，人们对幼儿园的教育也有了更高的要求，幼儿园的教育工作者们应该怀着更强的爱心和责任心，关注幼儿的养成教育，努力学习相关知识，提高自己的专业能力与综合素养，积极尝试与探索，在教学实践的过程中不断总结经验，把握幼儿教育的客观规律，结合实际情况，改进教学方法，提高教学质量。

本书主要对幼儿养成教育进行研究，书中介绍了养成教育的内涵与重要性，阐述了幼儿心理发展的规律和特点，分析了幼儿养成教育的内容和养成方法，幼儿习惯养成的原则、策略和具体方法。本书不仅适用于幼儿园教育工作者，也可以为家长提供一定参考。由于作者水平有限，书中如有疏漏与不足之处还请各位专家多多指正。

目　录

第一章　幼儿养成教育概述

第一节　幼儿园养成教育的内涵与目标

一、幼儿养成教育的内涵

（一）幼儿养成教育的概念

幼儿教育是指对 3 ~6 岁年龄阶段的幼儿实施有目的、有计划、系统的教育，是一个人教育与发展的重要而特殊的阶段。

幼儿教育有广义和狭义之分。广义的幼儿教育是指凡是能够影响幼儿身体成长和认知、情感、性格等方面发展的、有目的的活动。如幼儿在成人的指导下看电视、做家务、参加社会活动等，都是幼儿教育。而狭义的幼儿教育则特指幼儿园和其他专门开设的幼儿教育机构，对幼儿实施有目的、有组织、有计划的教育活动。

（二）幼儿养成教育的意义

1. 促进生长发育，提高身体素质

幼儿教育根据幼儿生长发育的特点，着眼于幼儿身体素质的提高，有计划地为幼儿创设一个让其身心愉快的环境，在培养幼儿良好性格的同时，合理地安排营养保健和一日生活，科学地组织体育锻炼，培养幼儿良好的生活卫生习惯，增强幼儿对疾病的抵抗能力和对环境变化的适应能力等，帮助幼儿增强体质，健康成长，为成为体魄健壮的社会成员打下基础。

2. 开发大脑潜力，促进智力发展

幼儿期是智力发展的关键时期。在幼儿阶段开发大脑的潜力，充分发挥智力，具有特别重要的意义。不少研究证明，幼儿期是语言、形状知觉、音感等发展的敏感期，在这一时期施以适宜的教育，将收到事半功倍的效果。

3. 发展个性，促进人格的健康发展

人的个性、性格、思想道德和行为习惯都是在一定的教育影响下逐渐形成和发展起来的。如果在幼儿期受到良好教育，形成好习惯，如爱清洁、懂礼貌、热爱学习、热爱劳动等，有利于幼儿形成良好的性格，拥有良好的社会适应能力。

二、幼儿园养成教育的目标

幼儿养成教育是依据儿童成长发展规律，从行为习惯的培养入手，使儿童习得社会行为规范并具有健全人格的一种启蒙教育形式。

《幼儿园教育指导纲要》指出：幼儿园的教育内容是全面的、启蒙性的，它从不同的角度促进幼儿情感、态度、能力、知识、技能等方面的发展。其中幼儿园的健康教育目标有：①身体健康，在集体生活中情绪稳定、愉快；②生活、卫生习惯良好，有基本的生活自理能力；③知道必要的安全保健常识，学习保护自己；④喜欢参加体育活动，动作协调、灵活。

2012 年教育部颁发了《3—6 岁儿童学习与发展指南》，（以下简称《指南》），根本目的在于深入推进素质教育的实施，促进每一个幼儿获得全面的、基本的发展，为幼儿以后的发展打下基础。为实现这一目的，《指南》从两个方面进行诠释，一是提出了一整套的幼儿学习与发展的目标体系；二是配合目标体系提出有针对性的教育建议，将正确的教育观、儿童观、发展观自然地渗透其中。《指南》以为幼儿后继学习和终身发展奠定良好的素质教育基础为目标，以促进幼儿各方面协调发展为核心。以下为《指南》中提出的关于幼儿习惯培养的内容及要求：①发育良好的身体、愉快的情绪、强健的体质、协调的动作、良好的生活习惯和基本生活能力是幼儿身心健康的重要标志，也是其他领域学习与发展的基础。②创设温馨的人际环境，让幼儿充分感受到亲情和关爱，形成积极稳定的情绪情感；帮助幼儿养成良好的生活习惯与卫生习惯，提高自我保护能力，形成使其终身受益的生活能力和文明生活方式。③不宜过度和包办代替，以免剥夺幼儿自主学习的机会，养成过于依赖的不良习惯。④让幼儿保持有规律的生活，养成良好的作息习惯……帮助幼儿养成定点、定时、定量进餐的习惯……帮助幼儿养成良好的个人卫生习惯……帮助幼儿养成良好的语言行为习惯。

综合以上内容，幼儿的养成教育的内涵十分丰富，除了培养日常的生活卫生习惯，还包括幼儿的良好行为、品德的养成教育；良好心理素质的养成教育；良好的社会适应性的养成教育以及审美教育的内容。

我们不难理解，良好的行为、习惯和性格是可以养成的。一个重视孩子教养，而且了解孩子生活和心理发展的父母，会致力于培养孩子良好的习惯，提高孩子的认知水平和元认知能力，让他拥有健全的人格。具有健全人格的人，不仅能够独立地做出判断，不会人云亦云，也能够主动地适应环境，自觉自愿地探索、学习，成为对社会有用的人。

第二节　幼儿养成教育的根本在于习惯养成

美国总统林肯曾说过：“事实上，教育便是一种早期的习惯”。

英国哲学家休谟在《人类悟性探析》一书中讲道：“习惯是人类生活最有力的向导”。

英国教育家约翰·洛克说：“一切教育都归结为养成儿童的良好习惯。”他认为，儿童不是用规则可以教好的，规则总是会被他们忘掉，教师和父母应当创造机会给他们一种不可缺少的练习，使他们养成习惯。

俄罗斯著名教育家乌申斯基认为："习惯是教育力量的基础。"他形象地比喻习惯是教育大厦的基础，强调了习惯在教育中的重要地位。

我国的教育家叶圣陶先生提出"教育就是培养习惯"的理念，他认为教育的目的就是培养学生（幼儿）具有良好的习惯。叶圣陶在《习惯成自然》一文中写道，养成教育虽不是德育的全部，但却是德育中最"实"的部分，是看得见、摸得着的，它是德育的"质"的指标。抓紧行为习惯的培养，才能使孩子成为言行一致、表里如一的人。在叶圣陶看来，人要是各种好习惯都养成了，我们的教育就达到目的了。如学习上有良好的学习习惯，劳动上有良好的劳动习惯，道德上有良好的道德习惯，生活上有良好的生活习惯……那么这个孩子就是一个好孩子。

中国青少年研究中心研究员孙云晓说："大量事实证明，习惯决定一个人的成败，也可以导致事业的成败，最根本的教育就是养成教育。"

著名教育专家关鸿羽说："养成教育是管一辈子的教育，是教给少年儿童终身受益的东西，它与素质教育密切相关。"

可见，习惯的培养在幼儿的养成教育中占有很大的比重，可以说习惯养成是养成教育的主要和重点的内容。

一、习惯的内涵和特征

（一）习惯的内涵

一般而言，习惯指的是通过重复或多次练习而巩固下来的并成为自身需要的行为方式或倾向。如果分析其生理机制，习惯则是人们头脑中建立起来的一系列条件反射，是一种后天形成的趋于稳定的条件反射。这种条件反射是在重复出现并有规律的刺激下形成的。此外，从心理机制上来看，习惯是一种需要，习惯一旦养成，就会变成人的一种内在需要，如果不这样做就会感到很别扭。

（二）习惯的特征

具体来说，习惯具有以下几个基本特征：

首先，习惯具有后天性。习惯不是由遗传得来的，并非生而有之，而是在后天的生活环境中培养的。

其次，习惯具有自觉自动性，这是习惯最本质的特征。习惯一旦形成，在特定情境下就会自然而然出现，不需要专门思考和意志努力，也无须他人督促。

第三，习惯具有养成性。习惯可以在一定时间内逐渐形成，通过反复的训练和强化，就可以养成一种习惯。

第四，习惯具有稳定性又具有一定的可变性。习惯一旦形成就较难改变，这说明习惯具有稳定性；但这并不是绝对的，通过适宜而持续的教育和训练，习惯也可以发生改变。

第五，习惯具有情境性，它是由一定的情境启动的。换言之，养成了某种习惯的人，一日到了特定的场合，习惯就会自觉自动地表现出来。

二、幼儿习惯养成教育的重要性

著名的教育家叶圣陶先生曾经说过："什么是教育？简单一句话，就是养成良好的习惯。"作为启蒙教育的幼儿教育，更是应该将习惯养成教育置于最重要的位置。

（一）习惯影响个体终身发展

好习惯不仅有助于幼儿适应当前生活，更重要的是会对其未来发展产生重要而深远的影响。好习惯一旦养成，便能解放人的意志，规范人的行为，使其对于所从事的活动执着追求、坚韧不拔，甚至有可能伴随个体终生，在各方面发挥积极作用，有效地促进其成才。例如，幼儿一旦养成倾听、专注、探究、表达和阅读等良好的学习习惯，将会一生受益。

一个经典的故事广泛传播。1978 年，75 位诺贝尔奖获得者在巴黎聚会。人们对于诺贝尔奖获得者非常崇敬，有个记者问其中一位："在您的一生里，您认为最重要的东西是在哪所大学、哪所实验室里学到的呢？"这位白发苍苍的诺贝尔奖获得者平静地回答："是在幼儿园。"记者感到非常惊奇，又问道：

“为什么是在幼儿园呢？您认为您在幼儿园里学到了什么呢?”诺贝尔奖获得者微笑着回答：“在幼儿园里，我学会了很多。比如，把自己的东西分一半给小伙伴们；不是自己的东西不要拿；东西要放整齐；饭前要洗手；午饭后要休息；做了错事要表示歉意；学习要多思考，要仔细观察大自然。我认为，我学到的全部东西就是这些。”所有在场的人都对这位诺贝尔奖获得者的回答报以热烈的掌声。事实上，很多人认为，他们终生所学的最重要的东西，就是小时候形成的良好习惯。由此可见，良好的习惯对人的一生有着深刻的影响。这种影响将伴随个体终生，无论学习还是生活，做人或者处世。对于个体来说，要成就学业、事业，要拥有幸福人生，必须养成良好的习惯。正如我国现代著名教育家、儿童心理学家和儿童教育家陈鹤琴先生所言：“习惯养得好，终身受其福。”

良好的习惯对于国民素质整体提升的重要意义不容小觑。习惯是个体素质内化积累水平的重要指标，它可以反映个体素质的层级，也在相当程度上决定了个体素质的高低。个体素质结构的每一方面都有相对应的习惯系统，通过合理的教育培养个体多方面的良好习惯，就能逐步提高其素质，进而提升个体乃至全体国民的整体素质。

（二）好习惯贵在从小培养

好的习惯往往需要从小培养，越早开始，效果越好。陈鹤琴先生对此进行过精彩的阐述，他说：“教育一个人要从小就注意起的，讲话怎样讲，批评怎样批评，做人的态度，对人的礼貌，以及一切的一切都要从小养成。国外有句名言：‘开始做得好，一半做到了。’中国的先哲也有‘慎始’的教训，一种习惯之养成，莫不由‘渐’而来。做人是顶难的，一定要从小就加以训练，养成种种优良的习惯和态度，在小孩子时代已经受了良好的教育，到青年的时候，自然可以减少许多问题。‘慎始则善终’，这是必然的结果。”古人亦云，“少成若天性，习惯如自然”，说的就是小时候养成的良好习惯，会像天性一样牢固而自然地发挥作用。

幼儿期是诸多习惯养成的关键期和最佳期，此时的养成教育容易起到事半功倍的效果。这一阶段的幼儿对世界充满好奇，他们宛如一张白纸，愿意接受外界的影响和成人的教导，而且喜欢模仿，行为可塑性极强，正处于从"不知"到"知"、从"不会"到"会"的重要的学习时期，许多行为习惯都是在此阶段形成或初步形成的。幼儿园如能抓住个体习惯养成的关键期和最佳期，实施合理的起始教育，引导幼儿塑造适宜的行为并逐渐形成习惯，无疑会获得良好的效果。反之，幼儿园如未能把握这一时机，特别是让幼儿养成了不良习惯，之后再来实施矫正教育，不仅难度增大，效果也会大打折扣。

（三）习惯培养具有一定难度

正如前文所言，习惯是一种稳固的条件反射，而建立条件反射需要反复地训练和强化，因此，习惯的建立具有一定的难度。一个由单纯的需要提醒才可以完成的动作发展为不需任何意志努力的自动化动作，本身就是循序渐进、持之以恒的过程。在这个过程中，儿童需要在"知"的基础上不断地"做"，多次重复地做，这样才能逐渐形成习惯。同时，习惯形成还要经历"反复—纠正—巩固"的过程，每一步都浸透着多方面教育力量的共同作用。一开始，幼儿是被动地接受老师或父母的管理，后来逐步过渡到接受团体管理，再后来才能过渡到自主管理。习惯养成有难度，会反复，重坚持，这需要教师不断强化幼儿习惯养成意识，随时关注幼儿的行为表现，及时引领幼儿学习适宜的行为，并在一日活动的各个环节帮助孩子训练、巩固良好的习惯，确保养成教育取得实效。

第二章　幼儿养成教育的生理和心理发展基础

第一节　幼儿心理发展的基本规律

一、幼儿心理发展的概念与特点

要想较好地了解幼儿心理发展的规律，就有必要先明确心理发展的基本概念。

（一）心理发展的概念

心理发展是指心理在时间上表现出来的数量和质量上、结构上和机能上的有规律的变化。

心理发展与时间有密切联系。心理上发生的变化是随着时间的推移而发生的。幼儿心理发展和年龄增长关系更为密切。如孩子刚上幼儿园时，只会说简单的句子，当遇到不愉快或着急的事情时，只能用哭来表示。孩子幼儿园毕业，要上小学时，已能用语言表达各种思想感情。如果让 1 岁孩子学会 5 岁或 6 岁孩子所具有的语言和思考能力，掌握他们的知识技能，他们一般是难以做到的，因为他们还没有足够的时间去积累有关经验和发展有关能力。

心理发展是心理活动向更高级的方向变化，即心理不仅在数量上增加，而且在质量上会不断提高。如，心理的结构不断复杂化和系统化，心理机能不断增强，使人能够更主动、更有效地反映客观世界和改造客观世界。以儿童的情感发展为例，最初婴儿只有愉快和不愉快的情感，后来逐渐地分化出各种不同程度的愉快感，如喜爱和高兴。

心理发展的方向是不可逆的。儿童心理的发展只是向高级的方向变化，而不会反过来向低级方向变化。以儿童思维发展为例，婴儿没有抽象思维能力，幼儿出现抽象思维能力的萌芽，这是儿童思维活动由低级形式向高级形式的变化。

（二）心理发展的连续性和阶段性

1. 心理发展是连续的，以渐进的方式进行

在现实生活中，成人往往没有发现孩子的变化，或者突然发现孩子懂事了。这就是因为儿童心理发展从低级向高级发展的过程是一个连续的、不间断的、逐渐变化的过程。

2. 心理发展的阶段性

总体上说，儿童心理发展的过程是一个连续的、渐变的过程。在发展过程中，较短的时间内，儿童心理没有明显的变化。但是从较长的时间来看，儿童心理的发展会表现出一些带有本质性的重要差异，这些差异有显著的变化，使儿童心理发展具有阶段性。如，幼儿和小学生的心理属于不同的发展阶段。

3. 心理发展的连续性和阶段性的辩证统一

儿童心理发展的连续性和阶段性不是对立的，而是辩证统一的。

二、幼儿心理发展阶段和年龄特征

（一）年龄特征

年龄特征是代表同一年龄阶段的人的典型心理特征。年龄特征的表现既

有稳定性，也有可变性。稳定性是说儿童在一定年龄阶段，一般都出现某些特征。所谓可变性，是指不同生活条件下，特别是不同教育条件下，儿童的心理特征可以有所变化。如，现代儿童和过去儿童相比，心理特征就有一些区别。

在教育工作中，应该正确看待年龄特征的稳定性和可变性的关系。一方面，不能忽视年龄特征，超越儿童心理发展的水平去要求儿童；另一方面，不能夸大年龄特征的稳定性，忽视环境和教育在改变儿童心理发展中的作用。

（二）心理发展的最佳年龄

1. 关键期

关键期的概念最初是生态学家劳伦斯提出的。他发现小动物出生后在一段较短的时间内，很容易形成某种本能的反应，如果错过了这一时期，不再能够形成，这段时间成为关键期。

在儿童心理学中，关键期是指儿童最容易学习某种知识技能，或形成某种心理特征的时期。心理发展如果在关键期受到阻碍，以后就很难弥补。

2. 转折期和危机期

儿童心理发展的过程，是矛盾不断发生和解决的过程，表现为矛盾的不平衡和平衡的不断交替。心理发展的转折期，是指心理冲突或矛盾高度激化的时期。在这一时期，儿童产生强烈的情绪体验，和成人的关系突然恶化。此时，如果儿童和成人之间的关系得不到妥善的解决，对儿童心理的发展将会有不利的影响。因此，此时期也称为危机期。

3. 敏感期和最佳期

幼儿心理发展的敏感期指幼儿学习某种知识和行为比较容易，幼儿心理某个方面发展最为迅速的时期。错过了敏感期或最佳期，儿童学习起来较为困难，发展比较缓慢。

三、幼儿心理发展的趋势

总的来说，幼儿心理发展的趋势是服从客观规律的。每个儿童的心理发展都是按照一定的规律展开的。

（一）从笼统到分化

幼儿最初的心理活动是笼统的，不分化的。无论是认知活动还是情绪态度，发展趋势都是从混沌、笼统到分化、确切。如，3 岁幼儿分不清乌鸦和鸽子，只是笼统地知道那是鸟。6 岁儿童的辨别力已经大有提高，已经能区分出二者的不同。

（二）从具体到抽象

幼儿的心理活动从具体向抽象的方向发展。就整个学前期来说，儿童的心理活动是非常具体的，但从发展趋势来看，儿童心理活动的抽象性在逐渐发展。如，在认识四季的活动中，小班幼儿只能认识四季的最鲜明的特征，大班儿童则能了解气温的高低、动物生长变化和人们的活动与四季的关系。

（三）从被动到主动

儿童的心理活动最初是被动的，主动性是随着年龄的增长而发展起来的。婴儿的心理活动主动性很差，他的心理活动主要是由外界刺激引起的。幼儿的心理活动的主动性开始有所发展，出现了自我意识的最初萌芽，幼儿期的心理活动的有意性逐渐发展。如，小班幼儿搭积木，搭成什么算什么，没有预定的目的。大班幼儿已经能计划自己的行动，事先拟订目标，设法克服困难实现目标。

（四）从零乱到系统

儿童的心理活动最初是零散杂乱的，缺乏有机联系。到了 5 ~ 7 岁，儿童的心理活动开始形成系统，心理活动的各种成分逐渐有机地组织起来。如让 3 岁的儿童看图讲述时，他们一会儿讲这，一会儿讲那，断断续续、零零散散，不成系统。到了五六岁，幼儿讲述能够有一定的主题，能够比较系统地把事情讲清楚。

上述发展趋势贯穿在儿童心理发展的各个年龄阶段。在教育工作中，教师应该时刻把握住儿童心理发展的趋势和特点，自觉地对儿童心理发展加以引导。

第二节　幼儿感知觉能力的发展

一、幼儿感知觉发展的特点

幼儿感知觉的发展是不平衡的，和一切心理过程的发展一样，感知觉的发展也是从低级向高级不断完善的过程。

（一）听觉

幼儿通过听觉，辨别周围事物发出的各种声音，从而认识周围环境，确定行为方向；而且也辨认周围人们所发出的语音，进而了解意义，促进言语发展。

1. 纯音听觉

幼儿期，儿童辨别一般声音的纯音听觉感受性在不断发展着。研究表明，儿童纯音听觉的感受性在 6 ~ 8 岁提高了一倍，而且在 12 岁之前纯音听觉感受性一直在增长。幼儿通过音乐教学及音乐游戏能促进他们听觉感受性的发展。

2. 语音听觉

学前期，幼儿对言语的听觉也在不断发展。研究表明，4 ~ 7 岁的儿童纯音听觉敏感度和言语听觉敏感度之间的差别程度，要比成人的差别程度大；而且年龄越小，这种差别越大。这种差别之所以存在，主要是言语比较复杂，幼儿有时仅仅感知到词的声音，还不一定能辨别语音。但随着年龄的增长，言语听觉明显地增强。

（二）视觉敏度

视觉敏度是指用视觉区分对象形状和大小的能力，也称作视力。通常人们总以为小孩“眼尖”，视觉敏度比成人好。事实上，儿童的视力并不如正常的成人，儿童的视觉敏度是随着年龄的增长而发展的。

学前期，儿童的视觉敏度不断增长。研究指出，儿童1岁时视力为0.2～0.4，2岁时为0.5～0.6。1.0以上的3岁时达67%，5岁时达83%，6岁时达到正常成人的视力范围。可见，随着年龄的增长，儿童视觉敏度在不断发展。因此，给幼儿看的读物，应该是年龄越小，图和字越大。

（三）颜色视觉

颜色视觉是指用视觉区分颜色细微差别的能力，也称辨色力。研究证明，儿童正确辨认颜色的百分率随年龄增长而增长，在掌握颜色的过程中儿童先会配对，再会指认，再到会笼统命名，进而到会精确命名。儿童的颜色视觉有个别差异，也有性别差异。一般来说，女孩的辨色能力比男孩强。儿童的颜色视觉能力可通过适当的训练得到大幅度提高。

（四）运动觉

幼儿期儿童运动觉的感受性不断提高。运动觉和皮肤觉的结合，可以使人在触摸中感知物体的大小、形状、轻重、软硬等属性。这种感觉在儿童很小的时候就发展起来了，在幼儿期，这种感觉的感受性逐渐提高。此外，反映唇、舌、声带等言语器官运动的言语运动觉也在幼儿教育过程中不断发展。

（五）空间知觉

空间知觉包括方位知觉、距离知觉和形状知觉等。在幼儿期，各种空间知觉明显发展。

1. 方位知觉

方位知觉即对自身或物体所处方向的知觉，如对上、下、左、右、前、后、东、西、南、北的辨别。研究表明，3 岁儿童仅能辨别上下方位，4 岁儿童开始能辨别前后方位，5 岁儿童开始能以自身为中心辨别左右方位。幼儿方位知觉的发展顺序是：上、下、前、后、左、右。而左右方位的辨别是从以自身为中心逐渐过渡到以其他客体为中心。所以，教师要求儿童使用左右手或左右脚、腿做动作时，或者要求儿童向左右转时，要考虑儿童的发展特点，正确做出示范。如要对面站立的儿童举起右手，教师示范时自己要举起左手；或者举出具体的事实说明，如说“伸出右手，就是伸出拿钥匙的那只手”，不要抽象地说左右，避免引起儿童混乱。

2. 距离知觉

距离知觉是对物体距离远近的知觉。幼儿对他们熟悉的物体或场地可以区分出远近。对于比较遥远的空间距离则不能正确认识。

幼儿往往对透视原理不能很好掌握，不熟悉“近物大，远物小”“近物清晰，远物模糊”等感知距离的视觉信号。所以，他们画出的物体往往是远近大小不分，也不善于把现实物体的距离、位置、大小等空间特性在图画中正确表现出来，也不能正确判断图画中事物的远近位置。

为了促进幼儿距离知觉的发展，教师应该教给他们一些判断远近的线索。如两个物体是重叠的，则前面的物体在近处，被挡着的物体在远处。如画图画时，同样大小的两个物体，近处的应画得大些，清楚些；远处的应画得小些、模糊些。

3. 形状知觉

形状知觉是对物体几何形体的辨别。幼儿的形状知觉随着年龄的增长而发展着。一般来说，小班幼儿已能正确地辨别圆形、三角形、长方形和正方形。中班和大班幼儿除了以上四种图形外，还可以掌握梯形、半圆形、菱形、椭圆形等其他平面图形和球体、正方体、长方体等立体图形。

（六）时间知觉

时间知觉是对客观现象的延续性、顺序性和速度的反映。实际上人们是通过某种衡量时间的媒介来反映时间的。

研究发现，幼儿初期已有一些初步的时间概念，但往往是和他们具体的生活活动相联系的。如他们理解的“下午”就是指妈妈来接的时候。他们对带有一些相对性的时间概念就难以正确掌握。如“昨天”“明天”等。幼儿中期儿童可以正确理解“昨天”“今天”“明天”等词，但对较远的时间还不能理解，如“前天”“后天”等。幼儿晚期儿童可以辨别一些时间概念，如“昨天”“今天”“明天”；也能辨别“前天”“后天”，分清“上午”“下午”，知道今天是星期几，知道“春”“夏”“秋”“冬”，但对更短的或更远的时间概念就难以分清。

幼儿对时间单位不能正确理解。6 岁儿童还不能真正了解“一分钟”“一小时”或“一个月”的意义。

二、幼儿观察力的发展和培养

观察是一种有目的、有计划、比较持久的知觉过程，是知觉的高级形态，是人们主动认识客观现实的知觉。幼儿观察的发展，对于他们掌握知识、发展心理具有重要的作用。

（一）幼儿观察力发展的特点

1. 观察的有意性

幼儿还不善于自觉地、有目的地进行观察。在没有其他刺激干扰的情况下，还能根据成人要求进行观察，如有不相干因素的影响，便容易离开既定的目标。这种现象在小班幼儿中表现尤为突出。中班和大班的幼儿观察的有意性逐渐加强，能够排除一些干扰，根据活动的任务和要求进行观察。

2. 观察的顺序性

小班的儿童观察时，常常是碰到什么就看什么，顺序紊乱，前后反复，多遗漏。中班儿童开始能按照一定顺序进行观察，大班儿童则能注意事物之间的关系，有组织地观察。

3. 观察的细致性

小班儿童往往只能观察到事物的粗略轮廓，不能全面细致地观察。他们只看到面积大的和突出的部分，很少注意细小的和不十分惹眼的部分。大班儿童观察时较为细致，往往能从事物的形状、颜色、数量等各个方面来观察，不再遗漏主要部分。

4. 观察的理解性

小班儿童只能看到一个个孤立的事物或事物的表面现象，看不出事物间的联系。大班儿童由于知识经验的丰富，能够认识事物间的“空间关系”“因果关系”。

（二）幼儿观察力的培养

1. 保护儿童的感官

从幼儿期开始就应注意用眼卫生，培养孩子良好的用眼习惯，不要长时间用眼，特别是不要过久地看电视；给孩子看的书、图画和教具，字体和形象应该较大并且清晰，经常检查儿童的视力，发现视力减退时，应及时治疗。同时，也必须保护儿童的听力，防止儿童因感冒等疾病引起中耳炎影响听力，不要让儿童长久置于嘈杂的环境下，教育儿童不要挖耳，不要将异物塞入耳道等。

2. 培养儿童观察的兴趣，使其养成爱观察的习惯

儿童大多好奇好问，对儿童的问题，成人不必急于回答，可以引导儿童自己去观察、去发现、去寻找答案。除了儿童自发的提问外，成人还可根据儿童的知识水平提出问题，要求儿童回答，引导儿童观察以前未注意到的事物。

3. 帮助儿童确立观察的目的与任务

儿童的观察目的性不强，观察时往往抓不住要领，东张西望，没有收获，不利于观察力的提高。因此，成人要注意有意识地向儿童提出观察要求，指出从被观察物中寻找什么，加强观察的选择性和针对性。

第三节 幼儿注意与记忆能力的发展

一、幼儿的注意发展

（一）幼儿注意力发展的特点

幼儿的注意，以无意注意占优势，但在成人的组织和引导下，有意注意逐步形成和发展。

无意注意占主导地位。研究发现，引起幼儿无意注意的主要原因：①鲜明、新颖、具体的形象刺激以及刺激物的各种物理特性是引起儿童无意注意的主要原因。②与儿童的兴趣和需要紧密相连的事物，逐渐成为引起儿童无意注意的原因。

在教育影响下，有意注意逐步形成和发展。研究发现，幼儿园建立必要的制度和行为规则，提出明确、具体的要求，是儿童有意注意发展的主要条件。游戏也是发展儿童有意注意的良好手段。

（二）幼儿的有意注意和无意注意

1. 幼儿的无意注意

幼儿的无意注意已经高度发展，而且相当稳定。小班幼儿的无意注意占明显优势，中班幼儿的无意注意不稳定，到了大班幼儿无意注意进一步稳定。但是，3～6 岁幼儿的注意仍然主要是无意注意。这时期的儿童无意注意主要有以下两个特点：其一，刺激物的新颖生动等特性仍然是引起儿童无意注意的主要因素；其二，与儿童的兴趣有密切关系的刺激物是引起他们注意的另一主要因素。

随着知识经验和认知能力的发展，注意领域的扩大，他们能够发现许多与原有经验不符合的新奇事物，在整个学前期，新颖的刺激物对引起儿童注意有重要作用。

2. 幼儿的有意注意

在整个学前期，儿童的有意注意处于初级发展的阶段。由于幼儿的有意注意受大脑发育水平的限制，注意的稳定性差且依赖成人的组织和引导。幼儿在成人的指导和环境的影响下，逐渐学习了一些注意的方法，在一定的游戏和活动中实现。在游戏中，幼儿能够完成一些既具体又明确的实际活动的任务，因此，能够更好地维持有意注意。

李洪增、胡容萱等人的研究表明：5 岁时，女孩的有意注意时间显著地长于男孩，说明其注意稳定性优于男孩；6 岁时，男孩的有意注意时间仍旧不如女孩长，但在 5 ~6 岁这一年间，男孩注意稳定性发展速度比女孩快；无论男孩还是女孩，6 岁时的注意稳定性水平显然高于 5 岁时的水平。

（三）幼儿注意力的发展

在教育影响下，幼儿注意的品质随着年龄的增长不断地发展，主要表现在注意广度的扩大，注意时间的延长，以及注意转移的灵活性和注意分配的协调性等等。

1. 注意广度的扩大

成人在 0.1 秒的时间内，一般能够注意到 4 ~6 个相互联系的对象，而幼儿至多只能注意 2 ~3 个对象。然而随着年龄的增长以及生活经验的积累，幼儿注意的广度逐渐扩大。

2. 注意时间的延长

幼儿注意的稳定性是指把握对象时间的长短。据天津和平保育院的调查，对有兴趣的事物，1.5 岁儿童能集中注意 5 ~8 分钟；1 岁 9 个月的儿童能集中注意 8 ~10 分钟；2 岁儿童能集中注意 10 ~12 分钟；2.5 岁儿童能集中注意 10 ~20 分钟。

3. 注意的分配和转移

幼儿注意的分配和转移都处于形成阶段。小班幼儿的注意分配与转移能力都很差；中班幼儿的注意分配能力有所发展，不但能注意手持物的姿势，而且能注意全身的动作；大班幼儿注意分配和转移能力都很强，主要表现在游戏和活动中。

二、幼儿的记忆发展

（一）幼儿记忆的发生

研究显示，记忆的三个环节分别为识记、保持和恢复。识记和保持的情况是判断记忆是否发生的标准。因此，判断幼儿记忆的发生主要看其识记与保持。

1. 新生儿记忆

对不会说话的儿童记忆，一般采用三种不同的测量指标：习惯化、条件反射和重学记忆。根据这三个指标可以看到新生儿时期记忆的如下特点：

新生儿记忆的表现之一：对条件刺激物形成某种稳定的条件反射。比如，母亲喂孩子时往往先把他抱成某种姿势，然后再开始喂。不用多久（一个月左右），儿童便对这种喂奶的姿势形成了条件反射，每当被抱成这种姿势时，奶头还未触及孩子嘴唇就已开始了吸吮动作。这种情况表明，儿童已经“记住”了喂奶的“信号”——姿势。波普锡克的研究，用牛奶作为强化物，使新生儿对不同声音建立转头的条件反射，经过一个月的训练，新生儿已能做出正确的反应，说明新生儿已经产生了记忆。

新生儿记忆的表现之二：对熟悉的事物产生“习惯化”。习惯化是指一个新异刺激出现时，人都会产生定向反射——注意它一段时间。如果同样的刺激反复出现，对它注意的时间就会逐渐减少甚至完全消失。随着刺激物出现频率的增加而对它的注意时间逐渐减少甚至消失的现象即为习惯化。习惯化可以作为一种方法和指标来了解新生儿的感知能力——看他能否发现刺激物的差别；也可以用来调查其记忆能力——看他能否辨别刺激物的熟悉程度。许多研究表明，即使出生几天的孩子，也能对多次出现的图形产生“习惯化”，似乎因“熟悉”而丧失了兴趣。

2. 婴儿的记忆

再认先于再现发生，是由于二者的活动机制不同。再认依靠的是感知，回忆依靠的是表象。从其恢复形式看胎儿及新生儿的记忆都属于“再认”，婴儿期的记忆仍主要是再认形式。明显的再认出现在6个月左右。这时，儿童开始“认生”，即只愿意亲近妈妈及经常接触的人，陌生人走近会使孩子感到不安。婴儿末期，“再现”的形式开始萌芽，1~2岁时才逐渐出现。感知是儿童自出生以后就已经具有或开始发展的，而表象则在1岁半至2岁才开始形成。另外，感知的刺激是在眼前的，立即可以引起记忆痕迹的恢复；而表象的活动，还有待儿童在头脑中进行搜索。

随着儿童的注意范围的扩大，婴儿的经验日益丰富。但是，婴儿的记忆主要以无意识记忆为主，有意识记忆刚刚萌芽。2岁以前，婴儿的识记主要是无意记忆。当然，婴儿记忆是有个体差异的，发展的早晚与生理机制和教育有关。

（二）幼儿记忆发展的一般趋势

1. 记忆容量的增加

（1）记忆范围

记忆范围的扩大是指记忆材料种类的增多，内容的丰富。随着儿童动作的发展和活动的复杂性，记忆范围也随之越来越扩大。他们不但能记住一些直接经验，而且能记住一些间接的经验。

（2）记忆广度

心理学研究表明：一般人类的记忆广度为7±2个信息单位。所谓信息单位，是指彼此之间没有明确联系的独立信息，这种信息单位称为组块。儿童记忆广度的增加受大脑皮质等生理发育的局限，使他在极短的时间内来不及对更大的信息量进行加工，因而不能达到成人的记忆广度。记忆广度是指在单位时间内能够记忆的材料的数量。记忆广度对记忆容量有一定的影响，但记忆容量的大小不决定于记忆广度的大小，而决定于把识记材料组织加工并使之系统化的能力。因为每个信息单位内部的容量是不同的，加工能力强的，单位容量就大。

2. 记忆保持时间的延长

所谓保持时间是指从识记材料开始到能对材料再认或再现之间的间隔时间，也称为记忆的潜伏期。儿童记忆保持的时间长度可以从再认和再现的潜伏期来看。3 岁前儿童的记忆一般不能永久保持，3 ~4 岁后的某些记忆可以终生铭记。

儿童记忆保持时间的长短受很多因素的影响，主要有：

（1）儿童对记忆对象的感知程度和兴趣

成人在生活中有这样的体会，只有把记忆对象感知得很清楚，才能留下深刻的印象并能保持长久。儿童随着年龄增长，各种分析器的结构和机能逐渐成熟，他们通过积极从事各种活动，提高了各分析器的分析综合能力，感知的选择性、持续性、精确性都不断提高，这为头脑中留下深刻的印象创造了生理条件。

兴趣是记忆力的催化剂，儿童面对感兴趣的事物，记忆力就能被很好地发挥出来。儿童有强烈的好奇心和旺盛的求知欲，他们对什么事都要问个为什么，特别对感兴趣的东西，能集中注意力去想它，以形成比较鲜明的深刻的印象，并且喜欢刨根问底，弄个水落石出。相反，他们对不感兴趣的事物漠不关心。

（2）儿童的知识经验和对识记材料的理解程度

凡是容易和已知的知识相联系的内容就比较容易记住。儿童在生活实践中接触的事物越来越多，知识经验也越来越丰富，这就有利于在记忆对象之间建立各种联系，使回忆容易实现。理解的东西往往容易记住，儿童知道了所记东西的意义，就便于把它同已有的知识经验联系起来，并入自己的知识结构中，这样有利于长期的保持。

（3）幼儿的情绪状态

幼儿很容易记住那些富有情绪色彩的事情。儿童听儿歌、故事时往往容易记住最有感情的那些句子，例如 3 岁左右的儿童对“小鸭子游泳”这首诗相当熟悉，要他再现时，首先记住的是“小鸭子摇啊摇，扑通一声跳下河”，诗句中“摇啊摇”“扑通一声”等措辞，引起儿童情绪上的反应最愉快，所以保持得特别长久，而那些与情绪态度无联系的、印象不深的材料则不易记住。大多数成人之所以能回忆4～5岁的往事，就是因为那些往事大都带有情绪色彩。

3. 记忆的精确度低

幼儿记忆不求甚解，再现时不进行追忆，容易受成人或环境的暗示，他们对复杂的材料不能进行精确的分析。因为记忆的精确度是以对材料的精细分化为基础的，并且幼儿受暗示性较大，所以幼儿的记忆精确度较差。主要表现为：

（1）偶尔歪曲事实

幼儿往往把成人猜测的事情和主观臆想的事物当作自己亲身经历的事来追忆。成人往往把这种现象误认为说谎，因此，家长和教师应正确对待这种现象。切忌将儿童记忆不精确当作行为不当，慎重处理儿童问题。

（2）回忆时易遗漏识记材料且错误率高

实验表明让小、中、大班幼儿即时回忆被划分为35个意义单位的某则故事，小班幼儿只记住9个意义单位，中班、大班幼儿只能记住19个意义单位。5岁幼儿在独立再现一段词语时的错误率为45%，6岁为41%，而小学生仅占9%。

4. 记忆内容的变化

记忆从内容上可以分为运动记忆、情绪记忆、形象记忆和语词记忆。儿童记忆内容随着年龄的增长而变化。运动记忆是指识记内容为人的动作或运动的记忆，对喂奶姿势的条件反射就属于运动记忆。情绪记忆是对体验过的情绪或情感的记忆，儿童喜爱什么、依恋什么、厌恶什么都是情绪记忆的表现。形象记忆是以感知过的事物的具体形象为内容的记忆，比如婴儿认识奶瓶、认识母亲等都是形象记忆的表现。语词记忆是以语言材料作为内容的记忆，它是随着儿童掌握语言的过程逐渐发展起来的。

从儿童这几种记忆发生发展的顺序来看，最早出现的是运动记忆（出生后 2 周左右），然后是情绪记忆（6 个月左右），其后是形象记忆（6 ~ 12 个月左右），较晚出现的是语词记忆（1 岁左右）。儿童这几种记忆的发展，并不是用一种记忆简单代替另一种记忆，而是一个相当复杂的相互作用的过程。

5. 记忆意识性与记忆策略

（1）记忆意识性的发展

幼儿的记忆从意识性的角度来看，无意记忆占优势，有意记忆开始出现并逐步发展。随着年龄的增长，有意记忆的出现意味着记忆意识性的萌芽，而元记忆的发展则意味着记忆意识性发展到了一个新的阶段。学前初期儿童和婴儿一样，记忆具有很多的无意性，在教育的影响下，学前中、晚期的儿童有意注意能力发展起来，主要是因为儿童的第二信号系统的发展、成人经常向儿童提出而又为儿童所能理解的指示与要求。此外，儿童掌握的一些记忆方法和活动动机对儿童识记的有意性和积极性有很大的影响。

（2）记忆策略的形成

记忆策略是学习者采用的接收信息、提取信息的方式。它直接影响着记忆的效果。随着年龄的增长，有意记忆逐渐发展，记忆的理解和组织程度逐渐提高，记忆方法逐渐丰富，但是，教育影响和记忆策略更为重要。儿童常见的记忆策略有：

复述：在某些情况下，幼儿也使用复述策略，只是使用频率低。如 3 ~ 4 岁儿童中有 43%，6 ~ 7 岁儿童中有 79% 能复述。

记忆材料系统化：中班儿童已经能够在记忆过程中自动对记忆材料加以整理分类，例如，边识记边把图片分类，并自言自语地说："苹果是水果，梨也是水果，萝卜是蔬菜……"幼儿也会把新词和某种事物或情绪联系起来，等等。

第四节　幼儿想象与思维能力的发展

一、幼儿的想象发展

（一）概述

1. 想象的种类

想象是在人脑中对已有表象进行加工改造而创造新映像的过程，它是一种反映，是人脑的机能。

（1）无意想象和有意想象

根据想象活动是否具有目的性，想象可以划分为无意想象和有意想象。无意想象是一种没有预定目的的、不自觉的想象。有意想象是根据一定的目的、自觉进行的想象。

（2）再造想象和创造想象

根据想象内容的新颖程度和形成方式的不同，想象可分为再造想象和创造想象。再造想象是根据语言文字的描述或图形、图解、符号等非语言文字的描绘，在头脑中形成相应的新形象的过程。创造想象是根据自己的创见，独立地构建新形象的过程。

2. 幼儿想象的发生

（1）想象发生的年龄

想象的发生和儿童大脑皮质的成熟有关，也和儿童表象的发生、表象数量的积累以及儿童言语的发生发展有关。1.5～2岁儿童出现想象的萌芽，主要是通过动作和语言表现出来的。

（2）想象萌芽的表现

儿童最初的想象，可以说是记忆材料的简单迁移。具体表现如下：

富于模仿再现：2 岁儿童的想象，几乎能完全重复感知过的情景，他们的想象内容常常是事物简单的重现。例如，儿童看见大人抱小娃娃，他也抱玩具娃娃。

想象依靠感知动作：2～3 岁儿童的想象依赖于感知的形象，特别是视觉形象，在想象刚刚萌芽的时候，没有玩具等事物，幼儿很难展开想象。

简单的相似联想和无情节的组合：最初的想象是依靠事物外表的相似性而把事物的形象联系在一起的。例如，儿童把玩具娃娃称作“小妹妹”。

开始产生的想象只是以一物代替另一物的一种简单代替。例如，从生活中掌握了把小女孩称作“小妹妹”的经验，在想象中就把玩具娃娃代替小妹妹。但是没有更多的想象情节，没有或很少把已有经验的情节成分重新组合。

3. 幼儿想象的趋势和内容

（1）幼儿想象发展的一般趋势

很大程度上，幼儿的想象是无意想象和再造想象占优势，想象的发展由无意性到出现有意性、由再造性到出现创造性、由极富夸张性到合乎实际的逻辑性。

（2）有意想象和无意想象的发展

幼儿的无意想象是最简单的，主要是受外界刺激直接引起，没有预先的目的，往往是发生在游戏活动中，因此主题不稳定，想象的内容也比较零散，没有系统。他们的想象往往不追求达到目的，只是满足于想象的过程。

（3）再造想象和创造想象的发展

在整个学前期，再造想象占主要地位，创造想象开始发展，表现为想象很大程度上具有复制性和模仿性，想象的内容基本上重现一些生活中的经验或作品中所描述的情节。低龄儿童最初是简单再现和复制。无论是再造想象还是创造想象，最初都是很大的具体性、直观性，以后概括性和逻辑性才逐渐发展起来。

（二）幼儿想象的特点

1. 想象的目的逐渐明确

2～3 岁是儿童想象发展的最初阶段，想象过程完全没有目的，心理活动过程速度缓慢，想象和记忆非常接近，它们之间没有明显的界线。

3～4 岁儿童想象活动无预设目的，想象受感知形象的直接影响，不追求结果，比如画画，他们没有明确的目的，想象完全依赖于行动过程。

4～5 岁的儿童以无意想象为主，但是已经出现有意成分，有意成分主要表现在出现了有一定目的、一定范围的自由联想。当然想象的目的计划非常简单。

5～7 岁的儿童的想象有意性相当明显，出现了有意的创造想象，大班幼儿想象活动前已经目的明确，整个行动过程中能够有秩序地按计划进行。

2. 想象的主题逐渐稳定

在正确的教育下，幼儿可以在想象之前先提出一定的目的，但是受外界因素的影响还不能达到预定的目的，3 岁前幼儿想象的内容不丰富，主题不稳定，依靠成人言语的暗示；3～4 幼儿想象内容零碎，无意义联系，想象没有前后一致的主题；到了幼儿出现有意性想象，他们的主题逐渐明确，想象的内容丰富有情节，并且力求符合客观逻辑。

3. 想象受情绪和兴趣影响

随着有意想象和创造想象的出现，幼儿的想象主题逐渐稳定，想象目的逐渐明确，但是幼儿想象的发展一直受情绪和兴趣的影响。比如，“老鹰捉小鸡”的游戏，本来是以小鸡被老鹰捉走了而告终的，但是幼儿同情小鸡，就展开想象：大公鸡和老母鸡赶来把老鹰啄死，小鸡得救了。又如，一个小朋友喜欢画小动物，可她画了之后就要老师来看，适逢老师忙于辅导其他小朋友，顿时使得意扬扬的她很不高兴，老师再过来时，这个小朋友把小动物涂上黑线，冷冷地说：“它已经被捕了。”

二、幼儿的思维发展

（一）幼儿思维的发生

1. 幼儿思维的内涵

思维是人脑对客观事物的概括和间接的反映。感知觉反映的是被直接感知的具体事物的个别特性和事物的外部联系，思维则具有概括性和间接性，思维必须在感知觉和记忆的基础上进行。按照人类典型的思维的概念，个体思维发生的时间要在六七岁以后，即学龄期。2 岁以前，是思维发生的准备时期。

2. 幼儿思维发生的标志

幼儿概括能力的发生发展过程可以分为三个阶段：直观的概括、动作的概括、语词的概括。最初的语词概括的形成，是幼儿思维的标志。

（二）幼儿思维发展的趋势

1. 思维方式与思维工具的变化

从思维发展的形式来分析，思维分三种形式：直观行动思维即思维主要以直观的、行动的方式进行；具体形象思维即依靠表象也就是依靠事物的具体形象的联想进行的；抽象逻辑思维即反映事物的本质属性和规律性联系的思维，是通过概括、判断和推理进行的。

幼儿的思维方式发展的趋势：直观行动思维—具体形象思维—抽象逻辑思维。最初是直观行动的思维，然后出现具体形象的思维，最后发展起来的是抽象逻辑的思维，学前期只是抽象思维的萌芽。

思维方式不同，所使用的工具就不同。幼儿直观行动思维主要依靠感知和动作，具体形象思维主要依靠表象，而抽象逻辑思维主要依靠语词所代表的概念。

2. 最初概念的掌握

儿童最初概念的掌握是和他们的概括能力发展紧密联系的，幼儿的概括内容比较贫乏，概括特征多是外部的、非本质的，概括的内涵不精确。因此，幼儿的概念掌握广度和深度都很差，不易掌握抽象的性质概念、关系概念、道德概念。到学前晚期，幼儿开始掌握一些抽象概念。5 ~7 岁是儿童思维发展的关键期。

3. 抽象逻辑思维的发展

从具体形象思维向抽象逻辑思维的发展，表现为儿童对事物性质、内容或关系的理解上，也表现为判断和推理能力的发展上。幼儿对事物的理解表现从对个别事物的理解向对事物关系的理解发展；从依靠具体形象向依靠词的说明的理解发展；从对事物简单、表面的评价到对事物复杂、深刻的评价发展。

研究表明，判断和推理随年龄的增长而发展变化，推理活动表现为由低到高的三种水平：一级水平的幼儿只能根据较熟悉的非本质特征进行推理；二级水平的幼儿在提示的条件下，运用展开的方式逐步发现事物之间的本质联系，得出结论；三级水平的幼儿能独立而迅速地运用简约的方式进行推理活动。可见，幼儿的推理方式是由展开式向简约式发展。

4. 思维活动的内化

幼儿思维最初是外部的、展开的，随后逐渐向内部的、压缩的方向发展。由于经验的扩展和词语的掌握，幼儿的思维活动逐渐内化，直观行动思维活动的典型方式是尝试错误，其活动过程依靠具体动作，是展开的，而且有许多无效的多余动作。在实际生活中，幼儿不断地尝试错误，对自己的行动结果不断做出分析和评价，随着智力的发展，活动具有了目的性，幼儿对有关事物和关系的概括化和系统化，抽象思维开始萌芽，思维活动不断内化。

第五节　幼儿言语能力与社会性发展

一、幼儿言语能力发展

（一）幼儿语音的发展

语音是语言的物质载体，是发音器官发出的表达一定语言意义的声音。在儿童掌握语言之前，有一个较长的言语发生准备阶段，称为“前言语阶段”，一般指从儿童出生到能够说出第一个具有真正意义的词之前的这一时期（0～1岁）；从儿童（2～3岁）开始进入正式的学说话阶段，到讲出第一批有真正意义的概括性的词的时期被划为“言语发生阶段”，这标志着儿童开始发生言语；2～3岁是儿童基本掌握口语阶段，这一阶段将持续到入学前。

1. 语音发生发展阶段

学前期是幼儿学习语音的最佳时期，在语音方面，对于声母、韵母的发音，是随着年龄的增长逐步提高的。语音发展大致分为以下几个阶段：

非自控音阶段（出生～20天）：发音器官为语音的发生做好最基本的物质准备。

咕咕出声阶段（21天～5个月）：声音听辨能力有较大发展，有大量的“玩弄”声音的现象，有了最初的语音模仿和“对话”意识。

牙牙学语阶段（6个月～1岁左右）：连续发音的节奏感加强，发音的形式变得丰富多彩，出现许多类似语言的语调。这阶段显著的特征是婴儿模仿发音的能力大大提高。

学说话阶段（1～1.5岁）：连续音节和类似词的音节增多，能说出一些单词，无意义的音节减少，这是一个由无意的音节过渡发展到词音的过渡阶段。

积极言语发展阶段（1.5～7岁）：开始由单词句、双词句向完整句发展，集中的无意义的发音现象消失，发音和发出的词和句子整合在一起。但由于发音器官发育尚未成熟，会出现许多语音“错误”。

2. 语音发展的特点

（1）前言语感知能力的发展

前语言阶段，感知语音的能力是儿童获得语言的基础。最近的研究表明，儿童前言语阶段的感知能力分成三种水平层次：

辨音水平（0～4 个月）：学会分辨言语声音和其他声音的区别，获得辨别不同话语声音的感知能力。大约 2 个月后，开始比较清楚地感知“语音学”意义上的单纯的语音，能感知由发声位置和方法变化造成的语音差别。

辨调水平阶段（4～10 个月）：能注意一句话或一段话的语调，从整块语音的不同高音、音长变化中体会所感知的话语声音的社会性意义，并且给予相应的具有社会性交往作用的反馈。

辨义水平（10～18 个月）：能将人们说话时语音表征和语义表征联系起来，去分辨一定语音的语义内容。开始学习通过对声、韵、调的整体感知来接受语言，为正式使用语言与人交往做好“理解在先”的准备。

（2）前言语发音能力的发展

前言语发音是指婴儿正式说话前的各种语音发声，类似于说话之前的语音操练。这个过程大致分为四个阶段：

单音发声阶段（0～4 个月）：会哭叫，还会调节哭叫的音长、音量和音高，用不同的哭声表示不同的意思和需求。

音节发声阶段（4～10 个月）：发音有了明显的指向性，对成人的社会性刺激作出反应；另一方面发音中出现了许多辅音和元音的组合，从单音节过渡到重叠多音节。

前词语发声阶段（10～18 个月）：能发出一连串变化不同的辅音加元音的音节，发音有语言的感觉。

特殊的“小儿语”发音阶段（1～1.5 岁）：有明显的旋律和抑扬顿挫的音调变化。说话呈现特殊的“小儿语”式发音，常常表现出省略、替代、重叠等特殊的策略。

3. 语音发展的教育活动

在儿童语音发展的敏感时期，创设丰富的语言环境，发展儿童的前言语感知能力、发音能力和交际能力是早期语音教育的主要任务。

0～4 个月阶段：①用各种语音和声音来刺激婴儿，培养婴儿有意倾听的习惯；②经常和婴儿进行面对面语言交流的发声感染；③开展有趣的游戏活动，训练听音和发音能力。

4～10 个月阶段：①继续用语言刺激婴儿，进行模仿发音练习；②用强化、鼓励方法进行相互模仿，诱导婴儿发音；③开展语言游戏，提高听力和发音水平。

10～18 个月阶段：①鼓励婴儿掌握新的语音，并反复练习和强化；②用语言与婴儿交往，尽量让婴儿多说话。

2～3 岁阶段：①在听说游戏中发展婴儿听音、辨音能力；②及时发现问题，纠正发音错误。

（二）幼儿词汇的发展

1. 词汇的数量

词汇量是幼儿言语发展的标志之一。幼儿的词汇量，是随着年龄增加而增加的。1 岁左右，孩子才开始说出词，最初说出的词数量极少。到入学时，孩子已能掌握基本的口语词汇。也就是说他的词汇已足以保证他用口语和别人交往。

2. 词类的范围

幼儿掌握的词汇有不断增长的趋势，这和幼儿智力的发展有密切关系。总的趋势是，名词和动词占的比例最大，但增长率却逐年递减，这说明别类词的比例在日益增加，数量词的掌握比较晚，虚词也如此。幼儿词汇中各类词使用频率有以下特点：第一，词频率最高的是代词；第二，使用动词的频率多于名词。

3. 词义的理解

有许多词儿童能听懂，但不会使用或者不能正确使用，是因为幼儿对词义没有正确的理解。同一个词，幼儿对其含义的理解水平是不同的。幼儿最初掌握词时，往往对它理解不确切，以后逐渐确切和加深。

（三）幼儿语法的发展

语法是词的构成和变化的规则及组成句子的规则的总和。幼儿掌握语法结构的特点是：实际掌握和运用各种语法范畴，能在言语中反映事物的逻辑关系。表现是：各种句子的逐步正确使用。

1. 句子类型的发展

句子的基本类型是简单句和复杂句。从幼儿使用句子的发展来看，一般呈以下趋势：第一，从不完整句到完整句。起初幼儿句子是不完整的单词句和电报句。约 2 岁之后，逐渐出现比较完整的句子。第二，从简单句到复合句。复合句指由两个或两个以上意思关联比较密切的单句组成的句子。2 岁之后，简单句逐渐增加。随着儿童掌握的词汇逐渐增加和逻辑思维的发展，幼儿掌握的复合句的数量逐年上升。

2. 句子词量的增加

句子含词量的增加是儿童掌握语法结构的基本前提，也是最初的表现。随着年龄的增长，幼儿说话所用的句子有延伸的趋势，也就是说，句子的含词量逐渐增加。

3. 语句结构的变化

儿童语句结构的发展变化趋势一般为逐渐使用正确的句子，其特点根据朱曼殊的（1979）研究表现为：一是从混沌一体到逐步分化，如表达内容和词性的分化；二是句子结构从松散到逐步严谨；三是句子结构由压缩、呆板到逐步扩展和灵活。幼儿掌握语法结构，主要是通过日常生活中的言语交往，模仿成人说话而进行的。幼儿对语法结构的意识出现较晚，一般从 4 岁开始明显出现。

（四）幼儿口语表达的发展

幼儿口语表达能力逐年提升，其中口语表达的顺序性发展得最好，其次是完整性的发展，逻辑性发展在整个学前期较为落后。

1. 对话语言的发展和独白语言的发生

口语交际可分为对话式和独白式。对话是在两个人之间交互进行谈话，独白则是一个人独自向听者讲述。幼儿的语言最初是对话式的。只有在和成人共同交往中才能进行。幼儿期对话语言有进一步发展。3～4 岁幼儿能主动讲述自己生活中的事情，但是在集体（如全班）面前讲话往往不大胆，不自然。4～5 岁幼儿能够独立地讲故事或各种事情。5～7 岁的幼儿不但能够系统地叙述，而且能大胆而自然地、生动和有感情地进行描述。

2. 情境语言的发展和连贯语言的发生

幼儿的对话语言常常带有情境性。连贯语言的特点是句子完整，前后连贯，能够反映完整而详细的思想内容，使听者从语言本身就能理解所讲述的意思，不必事先熟悉所谈及的具体情境。在幼儿的情境性对话语言发展的基础上，连贯性语言开始逐渐增多。

3. 表达的准确性和逻辑性的发展

幼儿 4 岁以前一般不具备表达的准确、生动，甚至富于想象的能力；在学前期的每个阶段，都有一些幼儿表达不准确，不能把握主要内容，而对次要内容注意较多的现象。幼儿在独立讲述中，逻辑性水平逐渐提高。主要表现在讲述主题逐渐明确，层次逐渐清楚。3～4 岁儿童的讲述主题不明确，层次不清晰。单纯靠幼儿积累的词汇是不能满足需要的，要专门培养幼儿讲述的逻辑能力。

（五）幼儿言语发展的趋势和阶段

根据幼儿语音、词汇、语法、口语表达等发生发展的趋势和规律可以看出幼儿言语发展的趋势。

1. 幼儿言语发生发展的趋势

0~15 个月，婴儿平均每个月掌握 1~3 个新词，15 个月能掌握一批词了，此后速度显著加快，19~21 个月时出现“词语爆炸”现象。另外，幼儿学习语言是从理解词开始的，大约在 6 个月以后，婴儿已能“听懂”一些词，12~18 个月幼儿能理解的词的数量猛增。但是，幼儿一般在 12 个月左右才能说出少数几个词，而在 18 个月以后，才“开口说话”。此后的 2 个月内，婴儿说出第一批的一定声调的“双词句”，从而结束了单词句阶段，而进入词的联合与语法生成时期。

2. 幼儿言语发展的阶段

第一阶段（1~1.5 岁）为理解言语的阶段。即儿童对成人所说的言语的理解在不断发展，但是儿童本身积极的言语交际能力却发展得较慢。儿童满 1 岁，就能懂得成人说出的某些词，儿童就用定向反应或运动反应来回应。1 岁以后，儿童也能说出数量有限的某些词，这只能算是言语交际能力的开始。约从 1.5 岁起，儿童对言语的积极性就大大高涨起来。随着对言语理解的增强和言语交际机会的日益增多，儿童也开始更多地表现出言语活动，从而使儿童的言语过渡到一个新的阶段。

第二阶段（1.5~3 岁）为积极的言语活动发展的阶段。此阶段在儿童言语发展上是一个跃进的阶段。儿童的积极言语表达能力也很快发展起来，言语结构也更加复杂化，这就为儿童心理的进一步发展提供重要条件。

第三个阶段（3~7 岁）为基本掌握口语阶段。人学前幼儿在活动和游戏中，词汇数量的扩大，经验的积累，言语交际能力的掌握，他们的语音、语法、口语表达能力迅速发展，为小学的书面语言学习打下基础。

（六）幼儿语言的获得理论

目前学术界关于儿童语言获得的理论概括为三大类：先天决定论、后天环境论、先天与后天相互作用论。

1. 先天决定论

先天决定论强调先天禀赋的作用，认为语言获得不是后天学习的结果，同后天环境论恰巧针锋相对。其中较有影响的是乔姆斯基的“先天能力说”。

乔姆斯基认为，语言是由无限多个句子构成的，句子的无限性决定了儿童不可能对一个语言的所有句子都进行模仿，但是儿童却可以听懂或说出他从未听到过的句子。这就从根本上否定了儿童是通过模仿学习语言的这种经典性理论。他还认为，儿童生来就具有一个语言学习装置，这个装置具有一套语法系统和语言分析能力。当儿童接触一定数量的成人语言之后，就会利用这种装置对语言现象进行分析，尽快地选择词和句子，而不管这种词是以哪种语言听到、说出和理解的。这样儿童就学会了各种具体的语言。

2. 后天环境论

后天环境决定论，强调环境和学习对语言获得的决定性影响。这一理论是在美国心理学家华生的行为主义心理学的基础上提出的。他们把语言看作是一种习惯，认为儿童学习语言是对成人语言的临摹，儿童语言只是成人语言的简单翻版，否定或轻视儿童在语言获得中的主动性及其先天因素的影响。由于无法解释为什么儿童可以说出他从不可能听到的一些话语，因此为了克服机械模仿说的缺陷，人们又提出了“强化说”和“选择性模仿说”。

3. 先天与后天相互作用论

先天与后天相互作用论，其代表性观点是以皮亚杰为代表的认知相互作用论。这种观点认为认知结构是语言发展的基础，语言结构随着认知结构的发展而发展，个体的认知结构既不是环境强加的，也不是人脑先天具有的，而是来源于主体和客体之间的相互作用。皮亚杰认为，语言的习得不是本能的、自然的过程，强调智力成长和语言发展之间的关系，关注儿童的经验背景和成长中的智力对其交往能力的影响。

二、幼儿社会性发展

（一）最初的情绪反应

幼儿情绪的发展是其社会性发展的心理基础。幼儿情绪的发展，会对他们的人际交流、社会化等产生更大的影响，发挥更重要的作用。

1. 原始情绪反应

幼儿出生后即有情绪表现，例如哭、安静、四肢蹬动等。这些反应与生理需要是否得到满足关联密切。幼儿原始情绪的主要包括怕、怒、爱三种形式。婴儿出生就有笑的反应，但最初的笑是自发的，反射性的微笑。大约从3.5个月到4个月，随着婴儿处理内部刺激的增加，开始对不同的人微笑不同，出现有差别和选择性的微笑。

2. 情绪的分化理论观点

研究表明：儿童初生时只表现为未分化的兴奋；3个月左右，分化为积极和消极两方面——快乐和苦恼；在此之后，分化继续进行，约2岁左右，显示出成人所具有的大部分复杂情绪。

（二）幼儿情绪和情感的社会化

1. 情绪和情感的社会化

幼儿情绪和情感的社会化表现为：情绪中社会性交往的成分不断增加、引起情绪反应的社会性动因不断增加以及表情的社会化。

从情绪的进行过程来看，其发展趋势是越来越受自我意识的支配。随着年龄的增长，婴幼儿对情绪过程的自我调节越来越自如。主要表现为情绪的冲动性逐渐减少、情绪的稳定性逐渐提高、情绪和情感从外露到内隐。幼儿从2岁起，开始有能力控制自己的情绪。伴随着表征能力和言语能力的出现，情感调控的个体差异出现了。

2. 自我调控能力的发展

随着儿童的社会认知能力的提高其情感调控能力不断发展。儿童的情感调控能力与他们对刺激源的社会认知，以及对自己和他人的情绪反应能力有关。年幼的儿童因难以准确地理解他人的悲痛或不幸，即使他们看到他人承受消极情绪时自己却表现出积极情绪。

研究发现，幼儿已经能够运用多种策略来应对同伴间的冲突情境。在外界压力的情境下，幼儿使用频率最高的策略是寻求社会支持。由于成人对幼儿的期望以及他们的自我意识的萌芽，幼儿较多地采用积极的策略来应对各种压力情境。他们希望通过自己的力量来控制压力情境，以消除自己的消极情绪，使自己的行为符合社会期望。随着年龄的增长，在教育过程中，他们不愿意面对同伴的冲突，而是选择避开冲突，去寻找其他更有乐趣的事情。这也是幼儿社会性进步的一个表现。

3. 自我情绪体验的发展

韩进之等人的研究表明，幼儿自我意识各因素（自我评价、自我体验、自我控制）发展的总趋势是随年龄的增长而增长的。在 3 岁儿童年龄组中其自我情感体验和自我评价能力还不明显。自我评价开始发生的转折年龄在 3. 5 ~4 岁，5 岁儿童绝大多数已能进行自我评价；自我情绪体验发生的转折年龄在 4 岁，5 ~6 岁儿童大多数已表现有自我情感体验；自我控制的转折年龄在 4 ~5 岁，5 ~6 岁的儿童绝大多数都有自我控制能力。

4. 道德情感体验的发展

道德情感是指符合人的道德需要而产生的情感。皮亚杰认为儿童的道德的发展是从他律道德向自律道德转化的过程。情感可以划分为三种形式：直觉的情感体验；与具体的道德形象相联系的情感体验；意识到道德理论的情感体验。在这里，我们将着重讨论道德情感中的移情现象。

移情是指一个人感受到他人的情感、知觉和思想的心理现象，也称“情感共鸣”或“情感移入”。“移情”的概念中主要包含认知和情绪两个成分。“移情”有两种代表性的定义：第一是指个人在情感上体验他人的内部情绪，这个定义强调的是情感的移情；第二是指个人在理智上洞察、理解他人的内部经验，这个定义强调的是认知的移情。

从对儿童的移情研究中，研究者们归纳出儿童移情的三种能力：判断他人情感并能指出情感性质的认知能力；从他人的角度出发，能够预测他人的思考和行动等预知能力；具有情绪的反应性，能够体验和分享他人情感的情绪力。

（三）幼儿基本情绪的发展

1. 哭

初生的婴儿最明显的情绪表现就是哭。哭代表不愉快的情绪，哭最初是生理性的，以后逐渐带有社会性。新生儿的哭主要是生理性的，幼儿的哭已主要表现为社会性情绪了。新生儿啼哭的原因主要是饿、冷、痛和想睡觉，也有由其他刺激引起的。婴儿啼哭的表情和动作所反映出来的情绪日益分化。随着年龄的增长，孩子的啼哭会减少。一方面是由于婴儿对外界环境和成人的适应能力逐渐增强，周围成人对婴儿的适应性也逐渐改善，从而减少了婴儿的不愉快情绪；另一方面，孩子逐渐学会了用动作和语言来表示自己的不愉快的情绪和需求，取代了哭。

2. 笑

初生的婴儿也有笑的反应，但是笑比哭发生得晚，笑是愉快情绪的表现。研究表明，笑主要有以下类型：

（1）自发性的笑

婴儿最初的笑是自发性的、内源性的笑，这是一种生理表现，而不是交往的表情手段。内源性的笑主要发生在婴儿的睡眠中，困倦时也可能出现。这种微笑通常是突然出现的，是低强度的笑。其表现，只是卷口角，即嘴周围的肌肉活动，不包括眼周围的肌肉活动。

这种早期的笑在 3 个月后逐渐减少。出生后一个星期左右，新生儿在清醒时间内，吃饱了或听到柔和的声音时，也会本能地嫣然一笑，这种微笑最初也是生理性的，是反射性微笑。

（2）诱发性的笑

诱发性的笑和自发性的笑不同，它是由外界刺激引起的。它可以分为反射性的和社会性的两大类。

反射性的诱发笑。最初的诱发笑也发生于睡眠时间。比如，在婴儿睡着时，温柔地碰碰婴儿的脸颊，或者是抚摸婴儿的肚子，都可能使其出现微笑。

新生儿在第三周时，开始出现清醒时间的诱发笑。例如，轻轻触摸或吹其皮肤敏感区 4 ~5 秒，婴儿即可出现微笑。这些诱发性的微笑都是反射性的，而不是社会性微笑。

社会性的诱发笑。研究发现，从第五周开始，婴儿对社会性物体和非社会性物体的反应不同。人的出现，包括人脸、人声，最容易引起婴儿的笑，即婴儿开始出现“社会性微笑”。婴儿三四个月前的诱发性微笑是无差别的。这种微笑往往不分对象，对所有人的笑都是一样。研究发现，3 个月的婴儿甚至对正面人的脸，无论其是生气还是笑，都报以微笑。但如果把正面人的脸变成侧面人脸，或者把脸的大小变了，婴儿就停止微笑。4 个月左右，婴儿出现有差别的微笑。婴儿只对亲近的人笑，他们对熟悉的人脸比对不熟悉的人脸笑得更多。有差别的微笑的出现，是婴儿最初的有选择的社会性微笑发生的标志。

3. 恐惧

（1）本能的恐惧

恐惧是婴儿出生就有的情绪反应，甚至可以说是本能的反应。最初的恐惧不是由视觉刺激引起的，而是由听觉、肤觉、肌体觉刺激引起的，如刺耳的高声等。

（2）与知觉和经验相联系的恐惧

婴儿从 4 个月左右开始，开始出现与知觉发展相联系的恐惧。引起过不愉快经验的刺激会激起恐惧情绪。也是从这个时候开始，视觉对恐惧的产生逐渐起主要作用。

（3）怕生

所谓怕生，可以说是对陌生刺激物的恐惧反应。怕生与依恋情绪同时产生，一般在 6 个月左右出现。伴随婴儿对母亲依恋的形成，怕生情绪也逐渐明显、强烈。研究表明，婴儿在母亲膝上时，怕生情绪较弱，离开母亲，则怕生情绪较强烈。可见，恐惧与缺乏安全感相联系。人际距离的拉近或疏远，影响到儿童安全感的减少与增加。

（4）预测性的恐惧

2 岁左右的幼儿，随着想象的发展，出现了预测性恐惧，如怕黑、怕坏人等。这些都是和想象相联系的恐惧情绪，往往是由环境的不良影响而造成。与此同时，由于语言在儿童心理发展中作用的增加，可以通过成人讲解及其肯定、鼓励等来帮助孩子克服这一种恐惧。

（四）幼儿的同伴关系

1. 性别角色的认同

研究显示，一些 2 岁左右的儿童已能分辨出照片上人的性别，然而还不能确定自己的性别（Thompson，1975），大多数 2.5 ~ 3 岁的儿童能正确地说出自己是男孩或女孩，但不能认识到性别不变的属性，3 ~ 5 岁儿童还不能理解性别的坚定性。5 ~ 7 岁的儿童才开始理解性别的坚定性。幼儿对性别的理解和同伴关系的发展有密切的关系。

2. 同伴关系的发展

健康的同伴关系对于儿童的认知和社会性的发展有很大帮助。同伴可以满足儿童归属和爱的需要，通过强化、模仿和同化的机制实现他们与他人学习的机会，获得情感支持。

在婴儿期，儿童社会交往有限，同伴关系在最松散的意义上存在着。从 3 岁起，儿童偏爱同性的同伴，经常与同性同伴一起游戏、活动。在 3 ~ 4 岁，依恋同伴的强度和与同伴建立起友谊的数量有显著增长。语言的发展也使同伴间的交往更加有效。

3. 社会交往技能的训练

社会交往技能训练是同伴关系研究中又一新兴领域。其目的在于通过干预方案的实施，改进儿童的同伴关系，促进其社会性发展。赛尔曼采用两难故事的方法研究了儿童采择观点或角色采择能力。这个研究通过儿童对两难故事问题的回答，引出儿童对社会或道德情景的推理。

一个儿童能不能为同伴所接受，受到许多因素的影响，如外貌、学习成绩、性格特点、对同伴的态度等。但不少儿童不为同伴所接受是由于缺乏理解别人观点的能力以及缺乏社交技能。通常的干预方案包括：①让儿童学习有交往的新的原则和概念，如合作、参与等。②帮助儿童将原则和概念转化为可操作的特殊的行为技能，如亲社会行为。③在同伴交往活动中树立有利于密切同伴关系的新的目标。④促使儿童稳定地、持久地保持已获得的良好行为。⑤增强儿童与同伴交往的信心。

第三章　幼儿养成教育的内容

第一节　良好生活卫生习惯的养成

卫生习惯可以反映出一个人的精神状态与生活面貌，良好的卫生习惯对孩子的身体健康非常重要。孩子抵抗力较差，更容易感染疾病，因此，家长更应该培养孩子讲究卫生的习惯与意识。孩子养成了良好的卫生习惯，不仅可以降低感染疾病的概率，还可以让孩子更受欢迎，有利于孩子的身心健康成长。

一、乐于洗澡的习惯

“在我们家，洗澡简直就是一场噩梦。每次我想要给 2 岁的小女儿洗澡时，她总是十分抗拒，大喊大叫，还经常躲到她爸爸身后，尤其是给她洗头时，她总是摇头晃脑的，很不配合。洗澡的过程十分辛苦，但是每次洗完澡，孩子从浴盆中出来时，她又会十分开心。等到下次洗澡时，同样的情景又会再次上演。这到底是怎么回事呢？孩子到底喜不喜欢洗澡呢？”

（一）年龄发展特点

卫生习惯不仅关乎个人形象，还会影响到孩子的身体健康。家长要引导孩子，帮助孩子养成良好的卫生习惯。很多年龄小的孩子都很抗拒洗澡，这有多方面的原因，如洗澡的时间不规律，洗澡次数过少，孩子没有养成习惯；水温不合适，或冷或热；洗澡时有水珠溅到孩子的眼睛里，让孩子恐惧等。要消除孩子对洗澡的恐惧感，家长就要多一点耐心，不能强制性地给孩子洗澡，以免适得其反，让孩子更加反感。

（二）对孩子的发展意义

在睡觉前让孩子洗澡，这几乎成了许多家庭的日常惯例。在很多时候，孩子正沉浸在自己的游戏中，突然就被叫去洗澡，游戏没有玩完，他们的心理需求没有得到满足，自然就会抗拒洗澡。每当这时，大多数的父母都会强硬地要求去洗澡。由于这个过程并不是很愉快，孩子就会逐渐地产生“洗澡不好”的想法，并以拒绝洗澡的方式来表达自己的不满。在洗澡这个问题上，家长应该适当地尊重孩子的意见，给予孩子一定的自主决定权，让他们可以享受洗澡的过程。

（三）教育良策

1. 调节合适的水温

孩子的身体很敏感，对水温的适应性也较差。对大人来说，水温低 2°C 与高 2°C 没有什么差别，但是对孩子来说，他们的感觉却是截然不同的。为了让孩子爱上洗澡，家长可以征询孩子的意见，按照孩子的身体感觉来调节水温，从而增加孩子洗澡的舒适度，避免孩子因为水温不适而抗拒洗澡。

2. 让孩子感受洗澡的乐趣

大多数的孩子在洗澡时都会玩水，还会故意把水洒到家长身上，很多家长在面对这种情况时都会很生气，责怪孩子不听话，其实孩子只是不知道正确的洗澡方式是怎样的，他们以为洗澡就是玩水。家长在看到孩子玩水时，可以告诉孩子这种做法是不对的，帮助孩子改正。小孩子活泼好动，要让他们老老实实地洗澡是很难实现的，家长可以给孩子准备一些适合在水里玩的玩具，如会游泳的小鸭子、会喷水的青蛙等可以浮在水面上的小玩具，让孩子可以一边洗澡一边玩玩具，从而避免孩子因枯燥地洗澡感到无聊，让孩子可以逐渐地感受到洗澡的乐趣。

3. 让孩子自己洗

在洗澡时，年龄小的孩子需要父母帮忙洗，但是年龄大一点的孩子则更想要自己洗，虽然他们有时候会洗不干净。这时父母应该给予孩子自由的空间，让他们自己洗澡，并告诉孩子如果他们需要帮助，随时都可以帮忙。这样做可以让孩子感受到来自父母的尊重，也可以让孩子更好地约束自己的行为。

4. 限定洗澡的时间

有些孩子不愿意洗澡，他们在洗澡时只是胡乱地沾一沾水，就算是应付交差了；还有些孩子很乐意洗澡，甚至想泡在浴盆里不出来。为了应对这些情况，父母可以限定孩子洗澡的时间，既不能太短，以免洗不干净，也不能时间太长，以免浪费水。家长可以限定孩子每天洗澡时间最短为 15 分钟，最长为 40 分钟。在孩子去洗澡时，家长就可以开始计时，让孩子认识到洗澡的重要性，也培养孩子珍惜时间的意识。对于 3 岁以上的孩子，他们已经具备了一定的自理能力，家长就可以让孩子自己洗澡，并让他们在规定的时间内决定什么时候洗完，同时让他们按照自己的需求做出选择，也不会因为大人的强迫而感到不开心。

二、勤换衣服的习惯

“我的儿子今年已经 3 岁了，在幼儿园适应得很好，但是有一个问题一直让我很为难——孩子不想换衣服。孩子一整天在幼儿园吃饭、娱乐，早上穿上干净的衣服，晚上再一看就像是在地上打过滚一样。这几天不知道什么原因，孩子总想穿着之前的脏衣服去幼儿园，我们给他准备了干净的衣服，他不仅不穿，还会把衣服扔到地上，然后自己又穿上之前的脏衣服，这让我们十分不解，问孩子他也什么都不说。有时候他穿着前一天穿过的衣服，我们都能闻到衣服上有一股味道，但是孩子就是坚持着自己的选择，不然就会哭闹。这可怎么办呢?”

（一）对孩子的发展意义

好的卫生形象会给别人留下一个好印象，也会让孩子形成积极向上的心态。联合国儿童基金会（UNICEF）曾经进行过一场社会街头实验，安排一名 6 岁女童以不同的样貌分别在广场和餐厅现身。当这名女童穿着浅棕色大衣、裤袜、咖啡色短靴站在广场前时，街上的路人会纷纷停下脚步，上前给予帮助；当造型师在女童的脸上抹了一层灰，给她换上了一套脏衣服、一双破旧的运动鞋后，在同样的地方却没有一个人上前去提供帮助。在餐厅中的实验结果也是一样。由于受到人们不友善的对待，看到人们嫌恶的表情，女童难过地冲出了餐厅，迫使实验中断。

虽然我们经常说“不能以貌取人”，但是一个人的形象的确会影响到别人对自己的第一判断，进而影响到他们对待自己的态度与行为。良好的个人形象不仅是卫生习惯的体现，更是对他人的尊重。因此，父母要教导孩子讲卫生，爱干净，勤换衣服，引导并帮助孩子树立一个良好的形象，促进孩子的身心健康成长。

（二）教育良策

1. 正确地看待孩子弄脏衣服的行为

孩子爱玩爱闹是很正常的，当孩子把衣服弄脏时，如果家长只是嫌弃、抱怨，会伤害到孩子的心灵，影响他们今后玩乐的兴致。孩子也会想当然地认为父母不想给自己洗衣服，于是他们就宁愿穿着脏衣服也不愿意再听到父母的唠叨。当你发现孩子又弄脏了衣服，你可以这样跟他说：“今天做了什么有趣的事情啊？衣服上沾满了污渍，看来你今天又玩得很开心啊!”孩子听到家长这样说，他们自然也就不会有心理压力，也更乐于与家长交流、分享。

2. 及时清洗孩子的脏衣服

现在很多家长都利用洗衣机给孩子洗衣服，当只有一两件脏衣服时，家长往往会觉得不值得专门洗一次，于是等着凑够一桶再洗。等着等着，孩子就可能没有新衣服换了，于是他们只能穿之前的脏衣服。等到次数多了，孩子就会产生一种消极心理，认为脏衣服脱下来了也不洗，自己还是要穿脏衣服，于是他们就不想每天都换衣服了。为了避免出现这种情况，家长要及时地清洗孩子的脏衣服，并尽量不要将孩子的衣服与大人的衣服一起洗，以免引起细菌交叉感染。

3. 让孩子知道勤换衣服的好处

很多小孩子都不太关注自己的个人形象，他们也没有要经常换衣服的意识，那么父母就要渗透给孩子这种观念，让孩子知道勤换衣服的好处，如勤换衣服可以让身体更健康，减少生病等。等孩子产生了要勤换衣服的意识，他们就会主动地想要穿干净的衣服，形成良好的卫生习惯。

4. 夸奖穿干净衣服的孩子

父母的夸奖会对孩子产生积极的促进作用，当孩子表现出好的行为时，父母应该不吝惜表扬，让孩子受到肯定与鼓舞。孩子主动换了一身干净的衣服，父母可以夸孩子："穿这身干净的衣服看着真好看，今天你是自己主动换衣服的，果然是长大了，懂事了。"如果孩子不情愿地换了一身干净的衣服，父母也要表扬孩子："今天你表现很好，穿这身衣服看着就帅气，小帅哥，我们出发吧！"孩子听到家长的夸赞，心里会得到满足，从而有利于鼓励孩子的这种行为。

5. 陪孩子看卫生习惯的动画片

小孩子都爱看动画片，父母可以陪着孩子看有关卫生习惯的动画片，如《邋遢大王奇遇记》，生动而直观的动画比父母的说教更有作用，也更便于孩子理解和接受。孩子在看动画片时会自然而然地联想到自己，从而便于孩子进行自我反思，促使其养成积极、健康的卫生习惯。

三、饭前便后洗手的习惯

"我的儿子已经 3 岁了，但是他的卫生习惯很差。每次吃饭前，我都会让孩子去洗手，他会先看看自己的手是不是足够脏，然后再决定要不要洗手。如果看手不是很脏，他就不洗了。有时候孩子没有洗手就直接用手拿食物吃，还吃得津津有味。只有当他从外面玩回来，手上都是土和汗水时，他才会主动洗手，不然不管我们怎么说，孩子都不听。便后洗手在他看来更没有必要，他觉得自己的手不脏，不需要洗，甚至有时候上完厕所就直接拿零食吃。孩子这样的生活方式让我很担心，卫生习惯不好很容易感染病菌，造成身体疾病，我应该怎么教导孩子呢?”

（一）年龄发展特点

小孩子很喜欢用双手去触摸各种各样的东西，这是天性使然，但是在饭前便后让孩子洗手却不是那么容易的，他们总会找各种各样的借口推脱。如在吃饭时，孩子会说“我的手不脏”“我用筷子吃饭，不用手抓”“我那会儿才洗了手，现在不用洗”等。即使家长告诉孩子“你的手虽然看起来不脏，但是手上有眼睛看不到的病菌，所以应该洗手。”孩子也觉得没有说服力，无法信服。

（二）教育良策

要让孩子养成饭前便后勤洗手的习惯，家长可以循序渐进地引导孩子。刚开始时，家长可以把洗手水打好，带着孩子一起走到洗漱间，跟孩子一起洗手。孩子跟家长做同样的事情就不会觉得无趣，他们也乐于模仿父母。等孩子可以自己打水洗手时，家长就可以每天提醒孩子，让他们逐渐地养成好习惯。如果发现孩子主动洗手了，一定不要忘记表扬孩子，让他们感受到赞许和鼓舞。

1. 摸完脏东西要洗手

小孩子爱玩爱闹，经常会用手触摸很多东西，如墙壁、地板、玩具、衣服等，还有的孩子会边吃零食边玩玩具，正所谓“病从口入”，这种做法是十分不卫生的，不利于孩子的身体健康。家长要告诉孩子：“摸完脏东西后要洗手，有些东西看着不脏，但实际上有很多病菌，所以也属于脏东西。”为了让孩子更好地理解这些话，家长可以查找一些视频资料，让孩子在看视频时可以心悦诚服地接受家长的观点，并在接下来的生活中能够勤洗手，讲卫生，养成良好的卫生习惯。

2. 用洗手液仔细洗

大多数孩子都以为洗手是用水把手弄湿就行了，于是当家长让孩子去洗手时，他们就随便地冲一下，家长看到孩子乖乖听话，也就不再多言了。其实孩子这样洗手并没有起到什么作用，手上的病菌仍然没有洗掉。家长应该告诉孩子正确的洗手方式，让孩子用洗手液或者肥皂多搓一搓，将手指缝、手背都好好洗一洗，将残留在手上的细菌都洗掉。这样孩子就可以安心地用手吃饭了，家长也不必担心孩子手上的细菌会通过食物进到肚子里，引起孩子的身体疾病。

3. 用指甲刀剪指甲

大部分小孩都会把自己的手放到嘴里，而长指甲很容易藏污纳垢，滋生细菌，成为疾病的传染源。孩子在用指甲抓痒时，也很容易抓伤自己的皮肤。因此，家长要勤给孩子剪指甲，对于 5 岁以上的孩子，家长要让孩子自己学会剪指甲。在让孩子自己学着剪指甲时，家长要告诉孩子，不能剪得太深，以免手指疼；在剪完指甲时，最好用指甲锉磨一磨，以免剪出来的指甲太尖，划破皮肤。当孩子慢慢地掌握了这项技能后，家长只要适时地提醒孩子剪指甲就可以了。

4. 制定卫生规则条例

日常的卫生习惯对孩子的成长起着重要的作用，为了让孩子保持良好的卫生习惯，家长可以与孩子约定，共同制定卫生规则条例，并互相监督。孩子参与制定规则，会让他产生责任感，在互相监督的基础上，孩子也会认识到自己行为中的不足之处，从而鞭策他们积极主动地改正以往的不良卫生习惯。例如，卫生条例中规定“吃水果前要洗手”，当孩子看到父母没有洗手就吃水果时，他就会指出父母的不足，并警醒自己不要犯类似的错误，这样有助于增强孩子的卫生意识，使其养成良好的卫生习惯，也有助于营造出良好的家庭环境。

四、整理物品的习惯

“让我的孩子收拾玩具简直就是天方夜谭，每次他都会把玩具丢得到处都是，等到要玩时经常会找不全、找不到。尤其是当孩子有朋友到家里来玩时，他会把自己所有的玩具都拿出来，过后留下一片狼藉就离开了，屋子看起来乱七八糟，惨不忍睹。这让我很生气，也很无奈。虽然我说过很多次让他把不玩的玩具收起来，但是孩子就是不听，依旧我行我素。”

“我儿子已经上幼儿园大班了，之前他的书包每天都是我整理的，这几天由于工作忙，回家的时候儿子已经睡了，我也就没有帮他整理书包。大约过了3天，我再一看儿子的书包，俨然已经成了一个小型的‘垃圾场’。书包里什么都有，除了课本，还有吃剩的零食、苹果核、塑料袋、废纸团、荧光笔……乱七八糟的东西都堆在书包里。我都不知道他是怎么做到的。”

（一）年龄发展特点

大多数的孩子都不喜欢整理物品，这是与孩子的年龄相符的行为。很多父母一直唠叨孩子，却收效甚微，孩子的玩具还是扔满屋，书包里依旧乱七八糟。对于孩子乱摆乱放的问题，家长要引起足够的重视，不要觉得孩子还小，乱摆乱放没什么关系，于是每次都帮孩子整理玩具，把孩子的书包收拾整齐。这样的想法与做法都是不恰当的，不利于孩子自理能力的培养，也不利于孩子今后的学习与生活。

（二）教育良策

家长可以引导并带领孩子一起收拾玩具，指导孩子收拾的方法，让孩子逐渐养成爱整理的好习惯。如果孩子还是继续乱摆乱放，家长可以把玩具收起来一个星期，等孩子认识到自己的错误后，再让他们继续玩玩具。另外，家长也要让孩子知道书包是用来装书本的，如果要装食品或者其他的垃圾，要用塑料袋装起来或者放在其他的小包里，让孩子知道自己的物品怎样放才会井井有条。

1. 正确看待玩具乱放的问题

孩子在玩玩具时会很兴奋，把玩具弄得到处都是，这是很正常的现象。对于正处于游戏中的孩子，父母尽量不要打断他们，也不要批评孩子，以免孩子产生逆反心理，让事情越变越糟。父母可以在孩子玩玩具前与他们约定“玩完玩具要收拾整齐”，或者在孩子玩完这些玩具后，让孩子先把“战场”收拾干净。对于年龄较小的孩子，家长可以帮助孩子一起收拾，但是绝不能完全代劳。对于5—6岁的孩子，家长可以在一旁指导，完全让孩子自己去收拾，以便更好地培养孩子的动手与整理能力。

2. 固定物品放置的位置

为了让孩子能够快速、高效地整理自己的东西，家长可以与孩子商量，将孩子的东西都固定好位置。这样孩子每次玩玩具时就可以从固定的位置拿下来，玩完后也可以把玩具收拾好放到特定的位置上，避免出现乱堆乱放的现象。

孩子3岁上幼儿园后，父母就应该教给孩子整理书包的方法，让他们把书本按照大小顺序排列整齐，不需要的物品及时地扔到垃圾桶。整洁的环境不仅便于孩子找东西，也会给孩子带来好心情。

3. 规定每次只能玩一套玩具

现在几乎每个孩子都有很多玩具，当孩子开始玩玩具尤其是有小伙伴过来的时候，他们会把所有的玩具都拿出来，但是孩子同时玩的玩具其实就只有一种或两种。把所有的玩具都拿出来，既会显得屋子凌乱，又不利于孩子集中精神玩游戏。因此，家长可以规定孩子每次只能玩一套玩具，不玩的玩具要及时地收起来，从源头上避免玩具乱放，培养孩子的整理意识，也让孩子养成做事情一心一意的好习惯。

4. 设立专门的游戏区

客厅、卧室、厨房都会经常出现孩子的小玩具，这也是让众多家长头疼的问题。有些玩具孩子十分喜爱，他们就会拿着玩具来回走，等看到更好玩的玩具时，就把手里玩具随手放下了，等他们想要找的时候又不知道该去哪里找。为了解决这个问题，家长可以在房间的一个角落为孩子设立一个专门的游戏区，让孩子将玩具都整齐地放在游戏区。当然，如果游戏区太乱，孩子也不收拾，家长就可以取消游戏区或者没收孩子的玩具一段时间。

五、公共卫生的习惯

“我的儿子在公共场所的表现让我们很苦恼。我们带着他去电影院看电影时，他会把吃过的零食口袋随意丢在地上；带他去动物园游玩时，他会把果核随手扔在地上。虽然垃圾桶就在我们面前，但他就像没看见一样。每次看到孩子这样，我和他爸爸都会告诉他要爱护环境，不能乱扔垃圾，但是孩子根本就听不进去，依旧我行我素。有一次环卫工人刚刚打扫干净，孩子又随手把雪糕袋扔在了地上，环卫工人用异样的目光看着我们，我便批评了孩子，并让他自己捡起来，但是他怎么都不去捡，还跟我大吵大闹，没办法最后还是我给捡起来的。孩子现在已经 4 岁了，我该怎么教育他呢?”

（一）对孩子的发展意义

公共环境需要我们共同爱护，不良的卫生环境既影响整洁，影响人们的心情，又容易造成细菌的滋生。培养孩子养成爱护公共卫生的良好习惯，最终受益的是他们自己。有这样一则新闻：“李某买了香蕉、西瓜等水果来招待朋友，在回家的途中，李某吃了一根香蕉，随手把香蕉皮扔到了楼梯边上，等李某送朋友离开时，不慎踩到了自己扔的香蕉皮上，跌下了楼梯，经诊断是臀部骨折，需要住院。”一个不经意的举动就造成了严重的后果，由此可见，良好的卫生习惯是十分重要的。

有些人会注重个人的清洁卫生，却不在乎公共卫生，这种想法与做法是不正确的。从自身做起，维护公共卫生，才能让公共场所的环境与卫生变得更好。父母要为孩子做好榜样，教育孩子养成良好的卫生习惯，不管是在家里还是在公共场所，孩子的表现都应该始终如一。只有这样才能培养孩子形成正确的价值观，提高孩子自身的道德素质与品德修养，为其日后的发展奠定良好基础。

（二）教育良策

1. 不乱扔垃圾

不乱扔垃圾是公民的基本道德，家长要从小培养孩子不乱扔垃圾的卫生习惯，让孩子形成“垃圾要扔到垃圾桶”的意识。家长带着孩子去公园、游乐场等公共场所游玩时，就可以随时随地渗透讲卫生、保护环境的理念。当孩子吃完了苹果要扔果核时，家长可以告诉孩子：“苹果核不能乱扔，会污染环境的。垃圾要扔到垃圾桶。你看看附近哪里有垃圾桶呢？要是没有的话就把果核放到一个塑料袋里装起来，等看到垃圾桶再扔掉吧。”父母适时的教育会让孩子在不知不觉中就养成良好的卫生习惯。

2. 减少使用一次性物品

在餐厅就餐时，很多人都会选择使用一次性塑料杯、筷子等；在去菜市场买菜时，很多人都会使用塑料袋，这些东西会影响环境卫生，增加垃圾的产生。家长应该给孩子从小渗透正确的观念，让孩子减少一次性物品的使用，用陶瓷杯、竹筷、布袋来代替这些污染环境的物品，以减少垃圾的产生。家长也要让孩子认识到使用一次性物品对环境的破坏，从而让孩子自觉地减少一次性物品的使用。

3. 节省使用文具用品

现在人们的生活水平提高了，家长给孩子提供的物质条件越来越好，孩子逐渐地养成了不知节约、浪费的坏习惯。如一支铅笔往往只用了一半就扔了，一个本子刚写了几页就不想用了。铅笔与纸都是用木材制造的，孩子这样浪费纸和笔，不仅浪费了木材，还增加了生活垃圾，不利于保护环境。因此，家长要让孩子节省使用文具用品，从小养成节约的好习惯，减少浪费。

第二节　良好心理素质习惯的养成

一、内心快乐的习惯

天翼和崔颢都 2 岁了，两家人一起逛商场，走到儿童部的时候，两个孩子都在一个玩具火车前不走，家长就给他们一人买了一个。一会儿，孩子既想喝又想吃的，两家人就去了地下大超市，走到玩具部的时候，两个孩子又都在一个玩具飞机前不走，妈妈看着天翼说："我们出门前怎么说的?"孩子回答："一次只能买一个玩具。"妈妈问："那么办呢?"天翼说："下次再买。"天翼说着就把玩具放下了。

崔颢的妈妈说："颢颢，咱们家里有，不买了。"崔颢说："不行，我要买。""你看天翼就没买，咱们也不买了。""不行，我要买。""你这孩子真不懂事，想干什么就干什么!"崔颢听出妈妈批评和拒绝的语气，就哭起来，妈妈说："你越哭，我越不给你买!"崔颢接着大哭，不少顾客路过时看着孩子，超市营业员也走过来看看发生了什么事，妈妈妥协了："这孩子真烦人，算了算了，给你买了，别哭了。"走出商场的时候，妈妈给崔颢穿外套，崔颢不配合，妈妈说："给你买了飞机，你还不高兴?"崔颢噘着嘴，踢了妈妈一下。这时天翼已经穿上了外套，就像没发生什么事儿似的，跟着妈妈一起走向停车场。

（一）年龄发展特点

快乐是孩子出生以后就产生的基本情绪之一，他的需求得到满足就会高兴、快乐，被拒绝就会不高兴、不快乐。但随着孩子渐渐长大，他的需求得到满足未必就会快乐，就像得到了玩具飞机的崔颢却不快乐，而没有得到玩具飞机的天翼仍然很快乐一样。可见，一味地满足孩子的需求未必能使孩子获得真正的快乐，人的欲望是无止境的，满足欲望的现实环境却是有限的，所以欲壑难平的人往往不快乐，甚至是痛苦的。

快乐有多种表现形式，有以笑为主的微微一笑、哈哈大笑；有以静为主的休闲、专注、投入；还有以动为主的忙碌、勤勉、奋斗……这就是说，快乐可以无处不在，赢了是快乐的，输了也可以快乐；得是快乐的，失也可以快乐；怡然自得是快乐的，努力拼搏也可以快乐。总之，无处不在的快乐其实就在每个人的心里，谁有一颗善于体察快乐的心，谁的快乐就无处不在，培养孩子善于体察快乐的心，是家长教育孩子的重要内容。

（二）对孩子的发展意义

快乐虽然有无处不在的多种形式，但是它也有高低上下之分。只顾自己不顾他人的快乐是自私的，为了他人不顾自己的快乐是高尚的，自己和他人都兼顾的快乐是共享的；只顾眼前不顾未来的快乐是短见的，只顾未来不顾眼前的快乐是苦闷的，眼前和未来都兼顾的快乐是智慧的。从这个角度来说，快乐几乎很少单独存在，总是与人的其他素质共存，它不仅是一种愉悦的感觉，更反映一个人的修养和智慧，所以快乐不是一时的和简单的激情，而是永久的和深刻的品性。

1. 眼前快乐与长远快乐之分

眼前快乐具有很大的诱惑性，因为它能立即满足人的需求，但它常常是非理性的，使人目光短浅；长远快乐比较理性，符合人的长远发展需要，但它需要人们排除干扰因素的影响。例如小孩子撒野、要赖、要挟可以换来眼前快乐，却有损于良好的习惯与性情养成；学生沉迷网络游戏是眼前快乐，但荒废了孩子学习文化知识的最佳时期；大人抽烟、酗酒是眼前快乐，却严重危害人的身心健康。所以家长要帮助孩子认识眼前快乐与长远快乐的差异，提高快乐为孩子带来的积极效益。

2. 独享快乐与分享快乐之分

家中只有一个大苹果，独享快乐的孩子自己吃得精光，不管不问别人是否需要；分享快乐的孩子关怀别人的需要，邀请每人都品尝一点。如果家长过多地支持孩子独享快乐，将会给孩子的未来酝酿人生苦果，因为这样的孩子不会体察人心，日久必然不得人心，将来独享的就不是快乐，而是孤独与寂寞了。

3. 利己快乐与利他快乐之分

人性高尚之处在于，不仅满足自己的需要是快乐的（利己快乐），而且满足他人的需要也是快乐的（利他快乐），例如社会上许多岗位涌现的义工、志愿者、捐助者，其中许多人并不是自己富裕得绰绰有余才去帮助别人，而是因为他们拥有的利他快乐本身就是真诚的、不图回报的。家长要逐渐提升孩子的利他快乐，摆脱私欲加在心灵之上的沉重负荷，轻轻松松地享受快乐。

（三）教育良策

1. 延迟满足有助于长远快乐

延迟满足是孩子能够控制自我欲望和需求，摆脱眼前利益吸引并能恢复平衡心态的能力。例如放学回家的孩子饿了想马上吃饭，妈妈跟孩子商量："你已经知道了饭前吃零食对身体不好的道理，现在需要等待二十分钟就能吃饭，你能忍受吗?"从生理基础来说，孩子能够忍受二十分钟的饥饿，现在就看孩子有没有毅力和好办法做到这一点，妈妈可以提示孩子做一些轻松的事情打发时间，例如看看休闲书、听听歌曲等，这样实际上是锻炼了孩子自我延迟满足的能力，进而享受身体健康带来的长远快乐。

2. 合作性的活动有助于分享快乐

很多活动或者游戏只有合作才能顺利进行，例如下棋、打球、讲笑话等，对这些活动感兴趣的孩子常常合作性好，分享快乐比较多。家长特意安排分享快乐的生活环节对提升孩子的快乐品位非常有效。

3. 为他人举手之劳有助于利他快乐

普通的生活毕竟平淡，没有频繁的惊天动地之事考验人的精神境界，但是日常生活琐事同样锻炼孩子为他人着想的心思与能力，举手之劳既方便了别人，又不使自己陷入麻烦和困境，是值得提倡的利他快乐。例如孩子正在看电视的时候，把音量放得较大，这时爸爸的手机响了，妈妈需要提醒孩子把音量关小一点，给爸爸接听电话提供方便，让孩子体会暂时忍受自己的不便却给他人带来了方便，也是挺快乐的。这种举手之劳帮助别人是人人都能做到的事情，但未必人人都能做到，关键的原因是未必人人都意识和体验到了举手之劳所蕴含的快乐情绪。

4. 美德最终带来快乐，帮助孩子树立美德

从表面上来看，这么说很空洞，其实它很实在。你是否发现自己的孩子太计较，不像人家的孩子那么大度宽容，因而爱生气？你是否发现自己的孩子比较懒散、不专心，不像人家的孩子那么有耐心，因而爱泄气？你是否发现自己的孩子比较倔强、爱顶嘴，不像人家的孩子那么体贴，因而爱气恼？同样一件事情，孩子之间的快乐有天壤之别，其中的主要原因正是孩子的美德不同。受点委屈、吃点亏没什么，这是因为孩子拥有了宽容之心；坚持到底、专心做事，少玩一会儿没什么，这是因为孩子有责任心；耐心倾听、关爱他人，自己忍受一会儿没什么，这是因为孩子有体恤之心。可以说，德高者快乐，德高者智慧，他能超越别人感觉损失的懊恼，走出别人感觉平淡的苦闷，从中体察为别人快乐而快乐，为感受生活而快乐。所以，帮助孩子树立美德，是让快乐扎根的教育。

5. 希望照亮快乐，为孩子设置合理的期望值

我们的很多快乐来自希望实现了，很多不快乐来自希望落空了。家长总要给孩子提出努力的方向和希望，所以合理的期望值决定了孩子是否能得到努力的快乐：期望值过高，快乐的光辉就比较微弱；期望值过低，快乐的光亮过于炫目，未来的快乐在哪里？孩子就会产生迷乱。所以，家长的期望要符合孩子的实际，给孩子提供的帮助也是适度的，既不是说家长包办代替，也不是说家长只提出希望和要求，剩下的就不管了，出现问题则由孩子负责。家长积极参与孩子的努力过程，会让孩子感到安全、鼓励和快乐，希望之灯才会越来越亮，快乐的光辉将始终陪伴着孩子。

6. 心理平衡需要调节，丰富孩子的生活方式

美德与希望是点燃快乐的长久之计，但是生活中常常会遇到这样那样的

矛盾与问题，会暂时中断人们的快乐体验，这时候需要人们迅速启动心理调节机制，尽快恢复心理平衡，让快乐再次回到身边。对于孩子来说，家长要丰富孩子的生活方式，为他提供调节心理平衡的载体。有的孩子喜欢技艺型的小活动，例如画画、唱歌、弹琴、手工、下棋、玩牌等，有的孩子喜欢竞技型的大活动，例如打球、踢球、跑步、游玩等运动，有的孩子喜欢安静地读书，它们在帮助孩子走出烦恼、放松心情方面有重要的心理调节功能，否则孩子不高兴了，不知道自己能做些什么，只能耷拉着脑袋、拉长了脸让家长看着，所以家长要培养孩子创造快乐的能力，自己学会寻找快乐的方式。

7. 幽默是快乐的润滑剂，营造欢快的家庭氛围

亲子具有血缘关系，快乐的纽带应该把彼此系得更加牢固，但是事实与调查发现并非如此，有研究表明很多家长缺乏童心，孩子想跟家长玩，家长却不跟孩子玩，久而久之，亲子关系越来越疏远，直到产生代沟。所以，要改变爸爸忙于工作，妈妈忙于家务的现状，抽出时间与孩子“胡说八道”一回，“胡说八道”一回，放松地玩成一团，营造幽默的家庭氛围。另外，亲子共看一部电视剧、共读一本书，是增进话题交流和“侃大山”的通常渠道，其效果常常是开怀大笑。所以，幽默是快乐的润滑剂，它零零星星地存在于生活细节之中，让人在平凡中搞笑，在平淡中快乐。

二、积极乐观的习惯

张女士不明白自己仅仅 5 岁的女儿为什么总是小心眼、爱生气，平常什么事情都得顺着她，稍微不如她的愿，她就会生气。例如，吃饭的时候已经做好了米饭和粥，有时她不想喝粥，非得喝饮料不可，张女士劝她吃完饭再喝，她就是不愿意，接着就是哭，连饭也不吃了，结果这一顿饭大家吃得都不愉快。周末也是这样，如果她想去的地方不方便去，她马上就不高兴了，得花很长时间、费很多口舌才能把她哄高兴。张女士担心这孩子是不是抗挫折能力太弱了？怎么才能让孩子变得开朗乐观呢？

（一）年龄发展特点

乐观是面对不如意、不顺利的挫折情境仍然保持积极的心态。在现实生活中，成功、顺境和挫折、逆境都是常态，挫折与逆境是挑战和锻炼孩子乐观的舞台。大人和孩子都会遇到挫折，只不过善于渲染心事的成人会把自己的困难描述为“风风雨雨的波折”，而不善于传达心情的孩子所遇到的困难常常被成人忽略为“鸡毛蒜皮的琐事”。其实将心比心，成人的心已经被岁月磨出了老茧，幼儿的心是迎春萌发的蓓蕾，一件很小的事情就可能挫败孩子的自信心，让他情绪低落，心里痛苦，甚至悲观失望。所以家长要重视一些孩提之事给孩子带来的挫折感，并抓住时机培养孩子的乐观品质。

1. 由身体素质带来的挫折

孩子越小，身体抵抗力越弱，长期体弱多病的孩子总是被疾病困扰着，许多游戏和快乐的事情都不能充分地参与，眼看着同伴叽叽喳喳、生龙活虎的样子，孩子着急，家长也着急。

2. 由家长带来的挫折

家长不经意间也会让孩子品尝挫折感：为了安全起见，限制孩子活动的自由；为了训练孩子乖巧听话，忽略了孩子的心理需求；孩子做错了事情，家长的批评过于严厉；当着众人的面否定孩子，伤了孩子的自尊心；对孩子的期望过高，使孩子无力企及；做事不成功受到家长的责备；表扬其他孩子使自己的孩子感受到被冷落；家长自己的心情不好，对孩子莫名其妙地发火，等等。

3. 由同伴带来的挫折

同伴掌握某种技能而自己没有掌握；想与同伴交往却遭到拒绝；与同伴发生争执而处于下风；同伴之间“拉帮结派”而自己被排斥；被攻击性较强的同伴欺负；同伴无意的行为对孩子造成侵犯等。

4. 由老师带来的挫折

老师关注个别孩子的特殊需要，而自己没有得到这种特殊待遇；老师不公正的批评和责备；老师表扬其他孩子而自己没有得到肯定；老师对孩子的态度忽冷忽热；想与老师交流，老师却心不在焉或者不耐烦等。

5. 由个人生活带来的挫折

孩子的求知欲很强，遇到新奇的事物和活动就想探个究竟，却无奈基本知识和技能以及生活经验不足，不能熟练地操作玩具和游戏，于是产生挫折感。在生活照顾上，幼儿很想自己的事情自己做，但是有时是家长不让做，有时是自己做不好，于是沮丧、灰心在所难免。

这里不可能枚举孩子遇到的所有困难和挫折，但足以看出孩子的生活并不像成人赞美的那样一路平坦、一帆风顺，也有许多、大小波澜在考验和锤炼着孩子面临困境时的乐观、意志、忍耐以及自我调节或者改变困境的能力。家长要带领孩子顺利地驾驭以上一个又一个“关键事件”，孩子的乐观品质就会慢慢建立起来。因为这些困难就像田径赛场上的跨栏跑步，越过了一个个障碍物，人的才能和意志就一步步提升；被障碍物绊倒趴下了，就待在原地不动，本来具有的生命潜能被泄气、懊悔、埋怨、恼怒紧紧地包裹着，人的才能和意志就不会成长。

（二）对孩子发展的意义

美国著名作家海明威说：“世界要征服每个人，然而有些人在被征服的地方变得坚强。”不同的人面临同样的挫折（例如疾病、贫穷、失败、灾难等），有人变得退缩、悲观，有人变得坚强、乐观。研究发现，乐观的人具备三大特点：在个人因素方面，有良好的智商、才干、成功经验和自我效能感；在家庭因素方面，有积极的家庭角色榜样、充满鼓励和支持性的家庭关系；在家庭以外的因素方面，见多识广、正面信息丰富、持续进行社会学习等。

每一次挫折都使孩子面临发展的机遇，家长要善于抓住教育时机，使孩子在一次一次的挫折中培养自信、乐观的品质。

（三）教育良策

1. 让孩子有充分的成就感

面对挫折，如果让孩子感觉自己有勇气克服困难，需要他曾经有过成功的体验，这样他才能拥有乐观向上的积极心态，所以孩子在日常生活中积累的成就感对乐观品质的形成非常重要。孩子做错了事能够得到家长的理解，做对了事能够得到家长的表扬，是孩子获得成就感的重要源泉。当然，这种成就感不是家长“白送”给孩子的，应该是孩子通过自己的努力获得的。如果是轻而易举讨来的成功，或者要赖要挟得到的成功，都不能产生真正的成就感，也无助于培养孩子的自信乐观。

2. 提供具有适度挑战的游戏

根据孩子的发展水平选择难易适度的游戏，也是培养乐观的好办法，请注意难度不要太大。例如有一种游戏是“钓鱼”，是用磁铁相吸的原理锻炼孩子手眼协调的能力。先观察孩子能够钓着鱼的基数，然后鼓励孩子每次多钓出一两条鱼，或者渐渐加长鱼线的长度，让孩子耐心地对付晃动摇摆的鱼线，可以让孩子对自己说：“我一定能钓好多鱼。”自信和乐观便在与“鱼”的较量中建立了。

3. 通过交流解释，培养基本智能

乐观是指面临困难充满信心的状态，主要体现为一种积极的情绪情感。对于孩子来说，能够依赖想象力和对未来的展望，忍受眼前的不适应；听得懂和相信大人的劝告，调整自己的需求；在情绪与理智的较量中，能够较为成功地摆脱情绪的控制；抽象思维有了一定的发展，能够预见事物的未来发展趋势……与乐观相关的这些心理素质要逐渐健全，孩子的乐观情绪才能发展。所以，家长平时要耐心与孩子交流、善于跟孩子解释，提高孩子的理解能力，增进孩子的理性，帮助孩子梳理情绪化所带来的迷惘与困惑。

4. 通过动手练习，培养基本技能

很多情况下是孩子因缺乏经验和技能而失望、泄气，家长有针对性地培养技能即可，当然这里不包括太“专业化”的专门技能训练，而是指孩子平常遇到的生活、游戏和社交等普通技能，因为单向技能训练并不能让孩子应对复杂多变的困境。

5. 孩子有获得援助的安全感

形单影只面对挫折会让人产生孤独、无助、为难和悲悯之情，对于年幼的孩子更是如此。家长既不宜对孩子百依百顺，也不宜袖手旁观，要对孩子保持关注、鼓励和支持的态度，让孩子觉得自己没困难时可以尝试，有困难时可以求助，这样支持性的家庭关系给孩子带来的安全感，会支持孩子的一生都乐观地面对挫折。

6. 不宜怜悯、迁就或者训斥

孩子遇到困难而有沮丧表现的时候，家长往往产生怜悯之情，要么代替孩子完成任务，要么完全迁就孩子放弃努力，有的家长则厉声批评孩子甚至体罚，这两种极端行为都使孩子无法形成自信和乐观的心理。正确的做法是提供鼓励的话语和一点点的技术支持，教育孩子坚持到底，体验经过努力克服困难带来的自我成就感。

7. 不向孩子宣泄“垃圾情绪”

有的家长在外面受了“窝囊气”忍着不敢发泄出来，回家便对孩子发“无名火”。这种情况特别容易打击孩子的自信和乐观，因为孩子会把家长的生气归咎为自己的错误，但他又不知道自己错在哪儿，于是只好全盘否定自己。长久下去容易让孩子自责、退缩，并蔓延为隐约却牢固的消极心理，淹没孩子乐观的心理。因此，家长遭遇困难能够乐观面对，这对培养孩子的乐观品质至关重要。

三、自尊自信的习惯

瑛瑛与妈妈一起去奶奶家做客，大妈、姑姑，还有表妹都来了。吃饭的时候，瑛瑛在座位上扭来扭去，不想吃饭，妈妈说：“你看妹妹多乖，你怎么还不如妹妹？快好好吃饭。”瑛瑛噘着嘴，一副不高兴的样子，妈妈给她夹菜她不要，自己夹菜就用筷子在盘子里搅来搅去，妈妈说："不好好吃饭就走开。"瑛瑛大声地嚷嚷："不好吃，我本来就不想吃。"然后生气地使劲把筷子丢在桌子上，把饭菜溅得到处都是。孩子这么任性没教养，妈妈觉得很没面子，就打了瑛瑛的屁股，瑛瑛大哭起来，奶奶赶紧过来拉走孩子："不吃就算了，下次奶奶给你做好吃的。"妈妈嘟囔着："孩子真是没样儿，都是他爸爸惯坏的，总是顺着她，批评不得。"

（一）年龄发展特点

一场愉快的饭局被搅了，是瑛瑛和妈妈相互伤害了对方的自尊，瑛瑛不好好吃饭、乱发脾气让妈妈觉得没面子，妈妈当众说瑛瑛不如表妹、批评瑛瑛不好好吃饭也让瑛瑛丢了面子。无论大人还是孩子，自尊之心，人皆有之，自尊是人的基本需要，也是人的心理底线，一旦自尊受到伤害，人的情绪就会被刺激、被激怒，接着还会掺杂低落、失望、挫败、沮丧等诸多消极情绪。可是有的家长觉得孩子小就没有自尊心，或者认为自己是家长，孩子只需要服从，有时候伤害到孩子的自尊心也觉得无所谓。

自尊是个体对自己的价值判断，是相信自己有价值、有能力，成功的、重要的、肯定自我的态度与体验。自尊是心理健康的核心，具有自我保护功能，还是建立自信、激励自我、克服困难、意志坚强的心理基础。

美国心理学家布兰登在其著作《自尊的六大支柱》中说："自尊就像意识的免疫系统一样，给了人们抵抗力和再生力。正如健康的免疫系统并不能保证人们永不生病但能让人们在疾病面前不那么脆弱，并能更好地征服疾病一样，自尊也不能保证人们在生活的挫折面前永不焦虑、沮丧，但它能消减人们的疑虑，更好地应付并超越一切障碍。诸多的困难也许能把有自尊的人击倒，但是他们很快就能重新站起来。"

（二）对孩子的发展意义

自尊是积极的自我概念，例如，"我是个孩子"是一个客观的自我概念，"我是个好孩子"就是一个积极的自我概念，是孩子有自尊心的体现。如果孩子怀疑自己是个好孩子，就相当于孩子在否定自我是有价值、有能力的，成功和重要的，那么孩子就打不起精神、抬不起头，甚至自暴自弃。所以，维护孩子的自尊是家长应该给予孩子的基本精神粮食。

自尊心过低固然有害，不少家长也反映孩子存在自尊心过强的问题，例如“太要面子”“虚荣心强”“盲目自大”“骄傲自满”等。实际上，自尊心过强也是不自信的表现，是因为害怕失利、没有勇气接受失败的现实而过度粉饰自己。真正的自尊心是建立在自信的基础之上，有自尊心的人也会失败、会难过，承认自己有比不上别人的地方，但是他们不会被挫败，并相信经过自己的努力能够改变现状，因此，他们的乐趣在于以真正的自我存在，并不在于处处要比别人强。可见，培养适度的、成熟的自尊心是孩子发展的重要任务。

（三）教育良策

1. 成功与成就感造就自尊心

心理学家詹姆斯给自尊下定义时用了一个著名的公式：自尊 = 成功/抱负水平，也就是说自尊与成功和成就感成正比。成功与成就感能激起人的“高峰体验”，让人精神饱满、情绪高涨、充满自信。美国心理学家马斯洛对一些最成功，也最健康的科学家、人类学家、心理学家进行研究，发现他们具有一个显著的共同特征：越是成功的人，越有更多的“高峰体验”，而更多的“高峰体验”，又成为成功的催化剂。

当孩子做成一件事的时候，及时的肯定、表扬与鼓励能让孩子产生成就感和“高峰体验”，在成功的瞬间享受到巨大的精神欢愉，这种欢愉的意义在于马斯洛所说的，“天堂（即高峰体验）似乎就在我们日常奋斗生活的前面等候着我们，准备让我们跨进并享受它。一旦我们跨进天堂，我们就能永远记得它，并且用这种记忆作为我们的能源，在我们自己遭受压力的时候支撑我们”。既然高峰体验能使生命拔节，家长要主动为孩子营造展现自我、获得成功的机会，促进孩子积累丰富的积极体验和心理资源。

2. 形成准确的自我认识

自尊建立在准确的自我认识基础之上，如果自我认识有偏差，那么孩子对自我的价值判断可能就会出现过高或过低的倾向。如果家长对孩子百依百顺，孩子的自我认识像皇帝一样唯我独尊，像太阳一样以自我为中心，那么孩子就会自尊心过强，实际上自尊心也很脆弱，稍微不如意就发脾气宣泄，与小伙伴一起也容易关系紧张。如果家长对孩子冷漠、严厉、粗暴、否定、打击较多，孩子感觉尊严扫地，就无法建立自信，出于自我防卫的本能，孩子就会以扭曲的方式表达自己的存在，诸如攻击、挑衅、好斗或者逃避、退缩、撒谎等。更为关键的是，自尊不是一时的心理状态，是相对稳定的人格特征，早期生活中没有建立健康自尊的孩子，在后来的人生阶段中又缺乏心灵康复的环境，孩子有可能终身遭受烦恼与困惑，妨碍孩子透彻地体验人生的幸福感。

家长对孩子宠爱有加，但是要把孩子当成正常的、普通的人来养育，让孩子经历完整的生活锻炼，不要特别制造一把保护伞或者一间温室，造就孩子过于敏感的情绪和羸弱的心灵。孩子摔倒了，鼓励他自己爬起来；有不合理的要求，讲清楚道理之后就拒绝；有好东西大家分享，不要习惯于独享特权；做错了事，学会道歉；爸爸打电话的时候，应该把电视音量关小一点等。孩子从生活细节中学会做事，也就学会了做人，进而获得一个健康的自我认识。

3. 确立适宜的比较对象

人不能单独存在，一个人对自己的价值判断是通过与他人的比较而实现的，如果在比较中失利，就会降低自尊体验，否则就提高自尊体验。与比自己强的人比较是上行比较，与比自己弱的人比较是下行比较。人们通常认为上行比较容易产生嫉妒、敌意、挫折等消极情绪，下行比较容易产生满足、优越、幸福等积极情绪。其实未必，究竟产生哪种效果取决于具体情境。例如一个男孩子拿来一把新玩具手枪，吸引了很多小朋友围观，宇航很不服气，说这是假枪，自己家里有真枪，因为爸爸是警察，小朋友们佩服得不得了，实际上宇航家里没有真枪，爸爸也不是警察，但是上行比较产生了辐射效应，可以抬高自我形象、提高自尊体验。下行比较不当则伤害自尊，例如瑛瑛的妈妈拿表妹做比较，挫伤了瑛瑛的自尊心。

平时孩子经常会跟小朋友比较，维护孩子的自尊需要引导孩子选择适宜的比较对象，较理想的比较对象是与自己相近并略微好于自己的人，这样孩子的心理压力不会太大，还找到了可以学习的榜样，有利于孩子较为轻松、自信地取得进步。

4. 尊重他人是自尊的前提

自尊不是唯我独尊。人人都有被尊重的需要，尊重是相互的，尊重他人是自尊的前提，就是把对方看作与自己平等的人，以自己所需要的尊重标准来尊重他人。孩子具有以自我为中心的思维特点，容易享受他人对自己的尊重，不易做到平等地尊重他人，所以家长在日常生活中要加强指导，给孩子渗透尊重他人的意识。例如让孩子学会等待、协商、分享、合作、谦让、助人为乐，积极回应别人的请求，拒绝别人则要礼貌。平时家长给孩子安排力所能及的家务活动也有利于孩子学习尊重他人，例如帮助爷爷拿眼镜、给奶奶递药、定期整理拖鞋、吃过饭擦桌子等，如果孩子在为他人的活动中体会到了快乐，也就锻炼了尊重他人的能力，他就会感觉自己对别人是有意义的、很重要的，自尊心油然而生。

5. 不要当众批评孩子

当众批评孩子有伤自尊，而孩子偏偏不顾情面，经常当众做出令人尴尬的不适宜行为，这时不管孩子则显得家长过于放任，管教孩子就得注意方式、讲究情面，尤其不要在客人和小朋友面前批评孩子，这样会大大地损伤孩子的自尊与自信。比较有效的办法是把孩子拉到一边说悄悄话，既维护了孩子的尊严，又指点教导了孩子。例如妈妈可以平静地把瑛瑛叫到一边，对她说这种做法让别人都不能好好吃饭了，是不对的；或者鼓励孩子：“妈妈相信你是个懂事的孩子，和表妹比比谁吃饭吃得好，怎么样？”如果孩子实在不愿意吃饭，就暂且让她离开餐桌自己玩，不要当着大家的面，粗暴地把孩子摁在椅子上，强迫孩子："吃饭就好好吃饭，这么大了，还不会坐吗？"

6. 不随意给孩子贴坏标签

每个孩子都希望做个"好孩子"，认为自己是个"好孩子"，是孩子奠定自尊和自信心的基石，所以家长不要随意给孩子贴"坏孩子"的标签。如果孩子出现不良行为，家长要把孩子的不良行为与孩子本人一分为二地方评价，可以说："你这件事做得不对。"不能因为一件事否定孩子整个人："你不是个好孩子。"可以说："妈妈不喜欢你这样做。"不能说："你再这样做，妈妈就不喜欢你了。"这些说法并不是在玩弄词汇，而是因为不同的说话表达不同的价值判断，家长的价值判断是孩子最重视的，是孩子建立自尊自信的最重要的参照标准。

四、自我控制的习惯

谢宝4岁，喜欢下棋，已经熟练掌握了飞行棋、五子棋和跳棋的玩法，最近开始学习下军棋。知道军棋的基本规则后，谢宝就兴致高昂地与爸爸妈妈对弈，爸爸妈妈下棋从来不让孩子，孩子下得好就赢，下不好就得输。谢宝因为棋艺有限，输了就哭起来，爸爸妈妈说："输了怕什么？赢了是将军，输了再下也是将军。"谢宝仍然哭，看得出他在控制自己不哭，身体在不停地抽搐。爸爸妈妈没有迁就孩子此时脆弱的情绪，说："宝宝还下不下？"谢宝哭着说："下。"只见他用袖子抹干眼泪，重新摆棋子，身体抽搐渐渐较少，最后还长舒一口气，慢慢平静下来。再输的时候，他的表情显示出复杂的内心情绪，嘴瘪一瘪，想哭却没哭，脸上还挂着尴尬，又想掩饰和控制自己的情绪，于是头也不抬地跟爸爸妈妈说："没事，接着下。"

（一）年龄发展特点

4岁的谢宝表现出良好的自我控制能力。自我控制是个体对自己的生理、心理、情绪、行为和思想施加影响，适时地调整和监控自己的能力，主要包括五个方面的基本能力：抑制冲动、抵制诱惑、延迟满足、履行计划和遵守规则，也就是说孩子经常在这五个方面得到锻炼，就发展了成熟的自我控制能力，这个能力是童年早期发展上的一个重要里程碑，并成为较为稳定的个性倾向，能经历多种情境而保持相对不变，对孩子的一生都发挥积极的影响。

心理学实验已经表明，自我控制能力最早出现在孩子 6 ~ 12 个月，主要表现为服从家长指示和延迟满足，4 岁则是自我控制能力迅速发展的时期。如果家长平时注意培养孩子抵制当前的诱惑，积累延迟满足带来的积极体验，会对孩子的自我控制能力产生良好的促进作用。

（二）对孩子的发展意义

孩子的自我控制能力是广大家长普遍关心的问题，因为要想顺利和成功地做任何事情，几乎都离不开良好的自我控制能力，它是人们学习、生活、工作的基本素质之一，而孩子的自我控制能力往往很弱，不少孩子因为自我控制能力发展得不好，渐渐出现情绪脆弱、习惯不良、学业不佳的问题，甚至心理问题与品德问题。所以，家长关注孩子的自我控制能力，是抓住了影响孩子一生发展的核心能力。

（三）教育良策

1. 延迟满足法

一位妈妈说："孩子很聪明，什么道理都明白，但是控制不住自己。他明知道过多吃糖有害牙齿，但他还是偷偷吃糖；他明知道总是插话不好但还是没有耐心等待别人把话说完；老师也反映他上课经常说话或做小动作，提醒他没几分钟，又恢复原样。"

这个孩子的关键就是延迟满足能力比较弱，自己心里有话就一定要马上说出来，自己想做什么事情就想马上动手操作。他虽然知道吃糖有害牙齿，但是这个害处发生在将来，孩子目前既看不见也感觉不到什么痛苦，所以大道理对孩子的吸引力很小。而吃糖马上就能满足口感，带来快乐，所以它对孩子的诱惑力很大，最后终于情感战胜理智，孩子吃了糖。孩子上课插话、接话、说小话或做小动作也是同样道理，只有在第一时间完成自己的心理活动，他才觉得满足，而不考虑在集体环境中还要尊重老师讲课的要求和其他同学的学习需求。

延迟满足是一种甘愿为更有价值的长远结果而放弃即时满足的自我控制能力，是孩子在困难面前克制自己、建立自信的重要表现。通俗地说，就是要求孩子能够克服内心强烈的欲望，等待自己渴望的东西，而不是想到什么就必须得到什么。在使用延迟满足策略的时候要注意避免“过度”和“不足”两个极端：一个极端是延迟时间过度，即对孩子的要求过于忽略，把孩子的等待时间拉得过长，以致挫伤了孩子的信心和信任。另一个极端是延迟时间不足，孩子稍有急躁情绪，家长就紧张地安抚，让孩子感觉自己的忍耐很委屈，长期被这种方式调教出来的孩子内心比较脆弱，一个小小的“不幸”就有可能使他难以控制自己。

2. 积极等待法

孩子的自我控制水平在某些场合表现得比较弱，例如在电影院等待放映，在飞机场候机，在电视机前等待少儿节目等，凡是涉及等待的场合都将考验孩子的自我控制水平。一般情况下，孩子会有三种表现：一种是特别闹，拳打脚踢、活蹦乱跳的；另一种是坐着发呆，虽然不惹事，但无所事事，属于消极等待；还有一种是做一些有趣的小事情，使自己活跃而不喧闹，不会感觉到等待的漫长和无聊，这属于积极等待。等待的时光有时需要大人参与，引导孩子做些小游戏，而有的孩子自己也能想出办法、找到乐子，这样等待就变成了快乐的积极等待。

在日常生活中就可能出现一些需要积极等待的情境，如果家长善于把握，就能为孩子提供自我控制的方法与榜样。例如，一位妈妈和儿子一起去车站接爸爸，结果火车晚点一个小时，等了一会儿，儿子着急了，想回家。妈妈想了想觉得还是应该等一会儿，于是就跟儿子一起玩游戏。先是玩变手游戏，妈妈先出“石头”（握紧拳头），然后要求儿子尽快出“布”（伸开手掌），或者相反，熟悉游戏规则后，换成儿子先出手，看妈妈是否能正确反应，因为后出手的人常常会不自觉地跟着先出手的人，却忘记自己应该反着出手，出错了会感觉很有趣，所以儿子乐此不疲地玩了 20 多分钟。接下来的一段时间，妈妈在手提包里找到几张纸，孩子练习折飞机，折完飞机就试飞，不知不觉就等到爸爸回来了。爸爸本来担心妻子和儿子等待太久，却发现他们很高兴，儿子不住地跟爸爸说与妈妈玩的变手游戏，爸爸放心了，原来妻子与儿子的等待时光是那么快乐。

在日常生活中，有不少家长在等待的过程中先是自己不耐烦，然后面对不耐烦的孩子变得更加不耐烦，这时候反而要求孩子控制自己，静静地待着别闹。对于孩子来说，消极等待是最大的折磨，家长则应该静下心来想办法打发无聊时光，培养孩子学习积极等待的方法，进而提高自我控制能力。

3. 运动游戏法

良好的自我控制能力需要一定的生理基础，即高级神经活动具有协调的兴奋与抑制过程，科学的运动锻炼能有效地促进孩子的生理发育与成熟，活动不足、缺乏运动会延迟孩子自我控制能力的发展。对于小孩子来说，很多运动游戏既能吸引孩子的兴趣，也直接有助于孩子锻炼自我控制的能力。例如木头人游戏，家长与孩子一起边走动、边拍手、唱儿歌："一二三，我们都是木头人，不会说话不会动。"唱到最后一句的时候，保持最后一个动作不动，谁坚持的时间长，谁就赢了。

4. 思维游戏法

自我控制是指孩子遇到新情况新问题的时候，能够抑制已有的想法和行为，并根据新规则调整自己出现相应的新观念、新态度和新行为。而这种能力不是一朝一夕培养出来的，是在日常生活或者一些相关游戏中逐渐习得的。

家长可以与孩子一起通过做转换规则的游戏而锻炼自我控制能力。例如，家长与孩子一起画 12 张卡片，分别是 5 张红椅子和 5 张黑桌子，然后画 1 张红桌子和 1 张黑椅子，画完涂好颜色，剪得大小一样，然后玩游戏。把 1 张红桌子卡片放在左边，1 张黑椅子卡片放在右边，把这两张卡片分别作为以下两个游戏的分类标准。游戏的第一阶段是先让孩子把红椅子卡片都放在左边，把黑桌子卡片都放在右边，孩子玩熟练不出错以后，游戏的第二阶段再让孩子把桌子卡片都放在左边，把椅子卡片都放在右边，观察孩子能否转换规则，孩子可能会出错，家长可以提醒。

第一阶段的游戏是要求孩子按照颜色分类，第二阶段的游戏要求孩子按照形状分类，因为先前分类规则的影响，孩子经常控制不住自己，无法顺利地进行规则转换。这种游戏是从灵活思维的角度训练孩子的自我控制意识。

5. 行为跟进法

现在的孩子越来越聪明，不但懂得多，而且特别会为自己辩护，这就给家长制造一些难题——孩子聪明伶俐，能说会道，却说得多做得少。这就说明孩子的观念已经到位，但是行为不能到位。行为滞后，不能有效地跟进观念，执行水平低于认识水平，这是自我控制能力弱的表现，这要求家长在孩子形成稳定的自我控制能力之前为他提供一定的外在影响，不断促进孩子的行为跟进思想意识，而不是总停留在只说不做的层面。

例如孩子上了大班以后要逐渐培养他的任务意识，知道放学回家之后必须要做的一件事情是完成老师布置的作业，不管是手工作业、讲故事，还是收集主题教育资料，或者是简单的算术、写字等作业，都是一个学生回家之后应该优先完成的任务。可是由于孩子年龄小，任务意识薄弱，会出现先玩，把作业放在最后完成的情况，结果到了该睡觉的时间已经没有精力完成作业了。因此，家长首先要跟孩子明确“回家后先做作业再玩游戏”的规则，如果孩子总是说“等一会儿”“就等一会儿”，家长要进一步与孩子明确多长时间为“一会儿”，如果孩子说“一会儿”是 10 分钟，那么就定 10 分钟的闹铃，闹铃响之后敦促孩子结束游戏，开始做作业，促进孩子的行为跟进自己的承诺。

家长的这种监督和帮助是促进孩子从他控走向自控的必经之路。因为孩子在获得自我控制能力之前，要先学会配合和接受他人的有益影响，家长为孩子提供一定的外在力量有利于帮助孩子提高执行能力，帮助孩子做到言行一致。

6. 亲子关系法

自我控制是孩子发展起来的内在自我力量，而不是外在力量。研究发现，权威型的亲子关系有助于孩子发展自我控制能力，而专制型和放任型的亲子关系不利于孩子发展自我控制能力。因为专制型家长在教养方式上依赖惩罚，惩罚可以暂时抑制孩子的不良行为，但是不利于孩子内化家长的教导，是孩子慑于家长的严厉才被动服从的，孩子的心理发育只停留在外在的他人控制水平上，一旦缺乏家长的管教与控制，孩子就不再对自己加强管理。放任型家长则对孩子缺乏约束与教导，孩子的规则意识建立不起来，自然肆意妄为，无从锻炼自我控制能力。

权威型家长既对孩子有教导，又鼓励孩子发展独立性，亲子之间交流、沟通和商量的机会比较多，孩子在理解的基础上逐渐内化家长有益的教导，遇到困难或犯了错误不害怕、不逃避、不撒谎，而是坦然接纳现实、积极接受帮助、主动调节自我，因此，孩子真正成为自我控制的主人。

五、说话和气的习惯

妮妮 2 岁 10 个月了，性子比较急而且很有攻击性。妈妈有时让别的小朋友还击她，让她体会一下被攻击的滋味，可是妮妮一边哭一边说："我用棍子把他们打得稀巴烂!"妮妮一有不太满意的地方就会大喊大叫，用一些话如"你这个笨蛋!""把你打得乱七八糟!"等来发泄不满。上幼儿园以后，老师反映妮妮与小朋友之间有不顺心的事情的时候，她说话总是恶狠狠的，如："踢死你!""揍扁你!""你不想活了!"等，漂亮的宝宝说话却这么难听，家长应该怎样帮助孩子改掉这个坏毛病呢?

（一）年龄发展特点

平衡的心态、稳定的情绪最有利于孩子的身心健康，然而任何人的生活和心灵都不可能永远风平浪静，当遇到挫折的时候，有的孩子能够坦然处之，有的孩子则会情绪起伏，并以攻击性行为方式表现出来。孩子主要有两种攻击方式：身体攻击和语言攻击。4 岁之前的男孩子和女孩子的攻击方式差别不大，既有可能采用踢、抓、揪、踩、打等身体攻击方式，也可能采用大喊大叫、恶狠狠地说话等语言攻击方式，4 岁以后，男孩子更倾向于身体攻击，女孩子更倾向于语言攻击。

（二）对孩子的发展意义

当自己的意愿得不到满足的时候，孩子采取什么方式自我调整心态，关系到他的情绪智能发展水平和处理问题的能力。

例 1：自己不能摆平的孩子。

星星和辉辉在一个房间里玩，星星把汽车开得呜呜叫，辉辉想凑过来玩，星星却不让。辉辉就生气了，“你为什么不跟我玩？我要你跟我玩！”他大叫两声，星星没理他。接着辉辉开始抢夺，这一行为的意思是：“你不跟我玩，我偏要玩！我让你没法玩！”家长过来把辉辉抱走了，但辉辉在家长的身上又扭又扯。

例 2：自己能摆平的孩子。

梦梦在玩家长新买的娃娃，婷婷说：“让我玩一会儿吧。”梦梦噘着小嘴说：“不！”婷婷自言自语地说：“你不跟我玩，我自己玩。”她自己玩起了过家家，自己玩得有说有笑，梦梦被她吸引走过来了，想跟她一起玩，婷婷不但没有拒绝和“报复”她，还说了一句：“跟我一起玩吧！”相当于用事实“教育”了梦梦。

可见，同样遭遇被拒绝的情境，婷婷的心理调节能力和处理问题的技巧要比辉辉高出许多，既能镇定自己也能“收拢”别人，她的快乐感和成就感自然也是辉辉所无法获得的。因此，家长培养孩子善于平衡自我的心理素质非常重要。

（三）教育良策

1. 接纳和关怀孩子的消极情绪

当孩子出现攻击行为的时候，家长首先要做的事情是避免矛盾和攻击升级。因为孩子完全处于非理性状态，这时候批评教育反而使孩子的反应更糟糕。但这不意味着完全放任孩子，家长可以用亲切的语言接纳他，但用坚定的语气拒绝他。家长蹲下来跟孩子平静地说：“妈妈知道你的心里很难过。”在接纳和关怀他的同时用坚定的语气说：“但是妈妈不喜欢你那样说话（或踢打)，我们能不能想想其他好办法呢?”孩子能读懂家长的语气和表情，他从家长那里既得到了情感支持又得到了理性引导。

2. 不要总是给孩子找“替罪羊”

孩子遭受挫折的时候是否采取攻击的方式，与他的归因方式有关。如果他总是把自己失败的原因归于外界，他就容易采取攻击行为，而孩子的归因方式又与家长的引导密切相关。例如孩子摔倒了，有的家长就使劲跺地、拍桌或踢凳，为孩子找一个“替罪羊”，其实这是暗示孩子把过错转移到他人或他物身上以取得心理平衡。或者有的家长一味自责都是自己没有照顾好孩子，还求孩子:“你打妈妈（或奶奶）吧!”这时如果孩子平静下来，说明他接受了家长的自责和自我惩罚，他找到了心理失调的“替罪羊”。“替罪羊”促使孩子形成“怨天尤人”的思维，孩子在接受这个“替罪羊”的时候，已经学会了攻击，长久下去就依赖攻击来获得心理平衡。

3. 优化和改良孩子的记忆库

爱攻击的孩子容易记住生活中的不愉快，容易忘却生活中的快乐，因此他的记忆库需要优化和改良。让孩子学会感恩生活中的每一天、每一人和每一物是优化孩子记忆库的好办法。例如，有一位家长带着孩子下台阶，可是台阶太高了，孩子不敢自己下来，正好旁边有一块石头，孩子踩着石头搭个脚，迈下了台阶，这时家长对孩子说:“你要感谢这块石头，是它帮助了你。”孩子蹲下来，摸摸石头说:“谢谢你!”但是没有感恩心态的家长可能对石头的“帮助”无动于衷，如果石头绊了孩子一脚，还会帮助孩子“仇恨”石头:“都是这个坏石头，我要把你踢得远远的!”可能孩子乐了，但是他也习得了攻击不相关因素的行为方式。

4. 避免接触过多刺激性的故事

一个老师让孩子们编童话，全班大多数孩子编的童话主题都是打打杀杀的“争斗”和“争吵”，终于有一个孩子编的童话带来和平与和谐的氛围，他的故事主人公关系和睦，相互帮助，说话幽默，给老师和全班同学带来了欢笑。之所以这样，是现在的孩子看暴力内容的影视剧和书籍太多，这些故事的情节依赖于“不打不成交”，结局也依赖于“有输有赢”，于是很多孩子模仿这些故事角色的动作、语言和“拼杀”本领，并不知不觉用于理解和解决现实生活的问题。幸运的是，3 岁前的孩子阅读和收看行为还不是太多，家长要及早防范，多给孩子提供一些友好、和善、幽默主题的读物，陶冶孩子良好的性情。

5. 和气的话语挂嘴边

在一次访问台湾幼教的经历中，发现台湾很重视培养幼儿和善的性格，有些幼儿园的特色教育是营造“鼓舞家园”，培养孩子“从小到大说好话”，要求孩子、教师和家长“每天说一句好话，将爱传到世界的每一个角落”。幼儿园根据孩子的语言发展特点和思维水平，向家长和教师推荐了利于孩子诵读和学习的 100 句好话。这些好话简短、动听，充满了友好、感谢、接纳、宽容、鼓励、欣赏等内涵，在此向家长朋友推荐一些。

三个字的好话，例如：好可爱；好极了；好主意；好多了；真好呀；做得好；非常好；恭喜你；了不起；很不错；太棒了。

四个字的好话，例如：太奇妙了；真是杰作；那就对了；多美妙啊；我好爱你；继续保持；你很能干；做得漂亮。

五个字的好话，例如：做得好极了；继续试试看；真令人惊讶；真令人感激；真的谢谢你；你办得到的；你帮得很对；你真是可爱；你走对路了；记性真好呢。

六个字的好话，例如：那实在太好了；继续加油努力；我真以你为荣；我很喜欢那样；你可以办到的。

六、沉着冷静的习惯

冬冬刚 2 岁的时候，与家长一起在公园里玩，不小心走散了，家长急得到处找，最后发现孩子在停车场一动不动地等待着家长过来找，丝毫没有紧张、忙乱和惊慌的样子，爸爸妈妈虚惊一场，非常庆幸和惊叹于孩子的沉着与冷静。

琨琨 5 岁，一天与 88 岁的太姥姥一起待在家里，老人一不小心，重重地摔倒在卫生间门口，昏迷了。琨琨冷静地采取三步救人法，第一步：跑回卧室，拿出枕头给太姥姥枕上，拽来被子给老人盖上。第二步：给家人打电话求救，先拨打奶奶的手机，可没人接，接着打爸爸的手机，占线！最后拨通了姑姑的电话。第三步：不停安慰老人："太姥姥，你不要怕，有我呢。你再等一会儿，奶奶马上就回来了。"还用小手轻轻拍着老人。医生说，老人软组织受了重伤，这么大年纪，如果不及时救治会很危险。经治疗，老人无大碍。琨琨成为家里人的骄傲："孩子才5岁，碰到这么大的事，不但没慌，连眼泪都没掉过，太勇敢了。"当别人问："看到太姥姥摔了，有没有害怕？怎么会想到打电话呢？"琨琨说："怕，但她老那么躺着也不是个事啊，我得想办法。"小家伙眉毛一扬，像个小大人似的。

（一）年龄发展特点

当许多2—5岁的孩子遇到突发事件就紧张忙乱、恐惧哭泣和不知所措的时候，2岁的冬冬和5岁的琨琨，却表现出惊人的沉着与冷静。作为家长，谁都不希望孩子遇到突发事件，但是万一遇上了，谁也难以保证自己的孩子会沉着冷静、安然无恙。所以，培养孩子沉着冷静的应激能力很有必要。事实上，生活中除了突发的大事情以外，许多不期而遇的小事情也需要孩子保持冷静，例如第一次上台唱歌、挑战运动项目新高度、同伴之间出现纷争、自己遭遇失利或失败、计划好的事情突然有变等，都需要孩子沉着应对。

（二）对孩子的发展意义

按照情绪的状态特点，可以把情绪分为心境、激情和应激三大类。

心境通常也叫心情，是一种持久、微弱、具有弥散性的情绪体验状态，它不是对某一件事的特定情绪反应，而是以同样的状态对待最近一段时间的所有事件。例如愉快的心境让人看待周围事物都具有明亮的色彩；不愉快的心境让人对什么事情都不感兴趣。帮助孩子经常保持积极乐观的心境，有利于孩子的健康与成长。

激情是一种短暂、强烈、具有爆发性的情绪体验状态，伴有明显的生理反应和外部行为表现，刺激个体做出平常做不出来的事情。积极的激情能激发出个人意想不到的潜能，消极的情绪则激发出失控的鲁莽行为，令人后悔莫及。

应激是出现意外或者遇到危险时出现的高度紧张的情绪状态，调动个体适应应急环境所需要的认知、情绪和自我防卫措施。有人能够处变不惊、临危不乱、毫无惧色；有人会目瞪口呆、语无伦次、手脚忙乱、惊慌失措；有人甚至出现应激障碍，例如受到劫匪、火灾、地震等惊吓后思维混乱、喜怒无常、无缘无故哭泣或者选择性遗忘等。可见，在紧急情况下，保持沉着冷静是孩子必备的应激情绪。

（三）教育良策

1. 家长遇事时沉着冷静不紧张

孩子的情绪特点深受家长的影响，尤其是年轻的爸爸妈妈，初为父母，缺乏经验，遇到养育难题容易紧张焦虑，家长不自信、不安、内疚等情绪都会被孩子觉察，并不知不觉地从中习得相似的情绪反应方式。特别是小孩子经常生病，家长首先变成了弱者，以战战兢兢的神情面对疾病，让孩子觉得疾病是一件很可怕的事情；有的家长则对孩子生病有“负罪”心理，满足孩子的一切愿望，甚至孩子没提要求就过度给予，使孩子发现原来生病可以享受特殊待遇，换来我想得到的一切。因此，常听见有的家长说：“孩子刚刚大病一场，现在变得特别娇气，有点要求不满足，就哭得像个泪人似的。”有的家长说：“生完病，孩子的脾气特别大，不像以前那样乖，总想迫使大人让着他。”

2. 锻炼孩子自己玩的独处能力

如果孩子经常有自己玩的独处经历，那么偶然有大人不在身边，就较少出现六神无主、顿时失去安全感的恐慌感。然而，在现实生活中，因为是独生子女缺玩伴，很多家长觉得时刻陪在孩子身边才踏实。事实上，陪伴成长与形影不离对孩子的意义是不同的，其差别在于家长与孩子之间是否存在既安全又有距离的空间。家长随时准备回应孩子的呼唤与需要，同时又给予孩子自由游戏、独自玩耍的空间，对孩子的成长是最有意义的。例如孩子在玩耍的时候，为了防止发生危险，起初必须尽可能让孩在家长视线所及的范围内，然后再慢慢增加其独处的机会。如果家长一直在孩子身边，孩子自然就会不敢一个人待着，对独处没有安全感，对自己也没有信心，更不会想办法、动脑筋来单独应对问题与困难了。如果家长比较用心，孩子从出生开始，就可以慢慢锻炼与母亲保持安全距离，这种养育方式会培养出沉着冷静的孩子。

3. 经验和常识是沉着应对的基础

沉着冷静不是外表上的不动声色，因为表情发呆、头脑僵硬看起来也不动声色，而是积极动脑、思维活跃的状态，是孩子调动已有经验和知识主动解决问题的过程。孩子的经验和常识积累得越多越丰富，在处理问题的时候，就会越有利于保持冷静的心态，而不会因为陌生和迷惑产生紧张情绪。除了冬冬和琨琨以外，现实生活中还有不少类似的实例显示出孩子所具备的自我救助或者救助家长的常识，例如妈妈洗澡时煤气中毒，孩子知道先打开窗户再打电话；知道一些常用的急救电话，例如 119、120、110 等；知道家庭成员的姓名、单位、职务和电话；知道关键的时候向谁求助、怎样求助等。因此，平时多跟孩子讲这些常用和实用的知识对于锻炼孩子冷静处理问题的能力非常重要。

4. 给孩子讲沉着冷静的童话故事

故事让孩子陶醉在美妙的情节里，也让孩子的心灵悄悄地发生变化。故事对孩子具有教育作用的原因在于故事能使孩子产生投射心理，也就是说孩子会把喜欢的主角当成自己，把自己同化在故事主角的情感、态度、思维和所作所为之中，这样故事主角的知识与经验就渐渐地内化为自己的知识与经验，并有可能在应激环境中发挥作用。所以，家长经常给孩子讲沉着冷静的童话故事非常有益，例如大家耳熟能详的《小兔乖乖》，孩子们非常喜欢长耳朵、红眼睛和短尾巴这三只小兔子，更愿意自己像沉着、机智的小兔子一样战胜冒名顶替兔妈妈的大灰狼，孩子也更容易理解沉着冷静的含义和意义。

5. 教育孩子从容而不急躁

从容的日常生活和从容的教育态度会造就从容的心态，然而，性情急躁的家长不容易做到从容，过分拘泥的教育也难以做到从容。例如有的家长严格按照一日三餐、定量进食、营养搭配、定点就寝的规定来安排孩子的生活，孩子吃得少点、睡得晚点就开始急躁了，孩子难以适应妈妈的急躁也变得急躁，经常遇事就急躁的孩子不可能保持沉着冷静。

6. 教育孩子严肃但不严厉

孩子犯错误就遭受家长的严厉批评与惩罚也难以锻炼处变不惊的能力，因为孩子都害怕家长的严厉态度，所以他也害怕犯错误，而孩子不可能不犯错误，因而犯错误之后的第一反应不是沉着面对现实、冷静解决问题而是吓得不得了，想办法回避、遮掩、逃脱错误，以免被惩罚，可见家长不要对孩子采取过于严厉的教育方式。孩子犯错误之后，家长可以严肃地告诉孩子这样做不对、怎样做才对、以后怎样尽量避免错误，但是不要惩罚孩子、吓着孩子，培养孩子坦然面对错误和困难的心态。

第三节　良好社会交往习惯的养成

一、大胆与人交往的习惯

雅琦是女孩，宇清是男孩，都是18个月大，父母都是大学教师。他俩都是聪明的孩子，手眼协调能力、小肌肉运动水平发展得都不错。妈妈带他俩来零至三岁亲子学校，就是要锻炼孩子的胆量，因为他们看见陌生人不敢打招呼，有新玩具也不敢玩。这两个孩子的妈妈说，她们从来没有给孩子讲过鬼的故事，也没有吓过他们。而且两个妈妈说，她们自己比较胆小，不知道孩子是否遗传了这一特质，她们希望自己的孩子具有开朗、勇敢的品质。

（一）年龄发展特点

首先，胆小害怕对孩子有保护作用。孩子有了胆小害怕的表现说明他对新事物的体验比较敏感，观察得比较细腻，这些虽然妨碍了他接纳新事物、适应新环境的速度，可是胆小和害怕能够使孩子采取更安全、更慎重和更有益的方式协调他与外界之间的关系。

其次，不同年龄的孩子有不同的害怕体验。胆小害怕在儿童的发展过程中是一种具有普遍性的情绪体验。研究发现，正常儿童中，90% 以上的孩子会有不同程度的害怕心理；40% 的二岁至四岁儿童至少有一种害怕体验；43% 的六岁至十二岁儿童有七种以上的害怕体验。

不同年龄阶段的儿童有不同的害怕对象：

零至六个月：高分贝的噪声、突然而来的声响、身体陡然失去支撑；

六个月至一岁：一般意义上的陌生人和生疏的环境、浴盆和浴缸排水；

一岁至二岁：一般意义上的睡眠、和父母分离、受伤、排便；

二岁至五岁：害怕黑暗、孤独及想象中的怪兽、强盗、医生等。

最后，检验孩子的胆小害怕是否正常。惧怕与儿童身体发育的状况和应对能力有关，会随着儿童体力、智力和经验的发展而不断消失和变换。一般来说，正常发育过程中出现的害怕和恐惧为时短暂，一种惧怕很少持续一年以上，多数在三个月内消失，很少会对儿童的行为产生严重的影响。

孩子的害怕属于正常还是病态，可以根据下列问题进行测定：

孩子的胆怯不安是否只是针对某个事物或现象，与这个事物或现象相关的其他因素不会引起他的恐惧。比如，如果孩子害怕狗，他只是见到狗才不安，与狗相关的毛绒玩具不会引起他的惧怕。

离开了受惊物或现象后，孩子的惧怕反应是否随之消失。

在看图片、电视或在一般的谈话中，如果孩子看到或听到他所惧怕的事物或现象，他是否表现出无所谓的样子。

经历了恐惧以后，孩子的日常生活是否不受影响。

如果对以上问题的回答都是“是”，说明您的孩子属于正常发育过程中的胆小害怕；否则，说明孩子可能存在心理疾病，尤其是孩子害怕到了如下程度：惧怕的持续时间超过三四个星期，以致丧失某种能力，伴随明显的症状——心律过度、头晕眼花、恶心和失禁等，就确定是不正常的了，需要到儿童医院就诊。

（二）对孩子发展的意义

发展人际交往智能是婴幼儿启蒙教育的一个重要方面。大量的研究证据表明，童年期的社会交往习惯有着显著的短期和长期后效。在婴幼儿阶段，不喜欢和不善于交往的婴幼儿经常不快乐，容易遭受同伴的拒绝，向同伴学习的机会少。到了学龄期间，儿童的交往孤立、人缘不好与学业成绩不良和低自尊有着很高的相关性。相反，人际交往智能发展好的孩子，更有可能表现出优异的学习成绩，并且从同伴和老师那里得到更多的正面强化。另外，有跟踪研究发现，与人际交往智能高的儿童相比，人际交往智能低的儿童会出现更高的青少年犯罪率、更多的成年期心理健康问题。可见，培养孩子大胆与人交往的好习惯使孩子更能主动把握人生的幸福与成功。

（三）教育良策

1. 不应限制孩子交往

有的孩子性格比较内向，在与人交往中很少主动攻击别人，但有可能承受过其他孩子的攻击，有的父母怕孩子吃亏便把孩子保护得比较严实，总是跟在孩子后面，准备随时为孩子处理纠纷。父母越是这样，孩子越不敢大胆与人交往，正确认识和解决纠纷的能力发展也受限制。所以，父母不要因为担心孩子吃亏而限制孩子的交往，孩子有“吃一堑，长一智”的主动发展潜能。

2. 不责怪孩子

家长把关注点放在事件发生的情境上，而不是责怪孩子的害羞行为上，要参与到孩子的活动中来，帮助他扫除心理上的障碍。

3. 对孩子有耐心

对害羞的孩子家长要特别有耐心，尽可能让他按照自己的节奏克服胆怯，不要急着看见孩子采取行动克服胆怯。在您希望他有明显改善之前，先给他几个星期甚至几个月的修整时间。

4. 在孩子进步时表扬

小心观察孩子的日常行为，表扬点滴进步。这样才能促进孩子把自己不经意的行为变成稳定的行为。

5. 树立良好的榜样

检查一下自己的言行举止，看看是否经常在孩子面前表现过焦虑、恐惧等负面情绪，这些消极情绪都可能传染给孩子。

6. 多参加集体活动

让孩子参加学校中的集体活动，以及其他各种活动，见多识广的孩子才会勇敢。

7. 让孩子学习和陌生人说话

父母常常教导孩子："不要和陌生人说话。"其实，对于还不明白这个世界很复杂、有危险的幼儿来说，他们盲目地听从这样的警告，等于给自己的交往世界立下了一堵墙。意大利哲学家费鲁奇曾写到自己的亲身经历与感慨。他们一家三口去了海边，一个三岁左右的小女孩儿想要认识他的儿子，儿子两腿一伸，一屁股坐在沙滩上，小女孩儿笑了，也学他的样子。儿子高兴了，站起来再重来一次，小女孩也一样效仿，这样来回玩了几次，两个孩子达成了一种和谐。可是这两个新玩伴刚刚开始交往，小女孩儿的妈妈走来说："来，我们要走了。"小女孩儿忧郁地看了儿子一眼，乖乖地跟着妈妈走了。费鲁奇很感慨："她（小女孩儿的妈妈）跟别人之间的封闭关系，在一刹那传给了女儿，说不定会跟随她女儿一辈子。多么遗憾！"所以，父母不要教孩子拒绝一切陌生人。跟安全的陌生人打交道，可以锻炼孩子与人交往的能力。

8. 保持情绪稳定

下列行为不宜在生活中出现：

常常吓唬。说："别哭，老虎来了。""再闹，警察抓人。""不要乱跑，外面有人抓小孩儿拿去卖。"

过度保护。因为您的保护不能帮助孩子摆脱所有的恐惧。

心情急切，强行让孩子面对新事物、新环境。孩子这时在观察、在审视，不宜操之过急。

过分关注。因为这样不仅鼓励了孩子的胆小，还可能让他更加害怕。

生气嘲笑。如果孩子已经产生害怕而且不敢释放，则会使其情感遭到更大的伤害。

二、团结合作的习惯

女孩叮当，有一个上小学一年级的哥哥，兄妹俩爱在一起玩儿。叮当不爱与同龄人一起交往，在家里不是摸摸这就是玩玩那，不让自己闲着，自己也能玩得很开心，情绪总是高高兴兴的，不像有的孩子从小就比较缠人。叮当在外面表现得也不错，从来不招惹别人。但是爸爸妈妈发现她不爱跟别人玩，几乎不主动找别的小朋友玩耍。亲子学校组织的集体活动她不参加，老师提供的教具也吸引不了她，她就是看上了摆在教室里的"天线宝宝"玩具，老师和家长叫她，她不搭理，脾气还挺大，说跑就跑。

叮当爸爸是做生意的，比较忙，陪孩子玩的时间不多，陪女儿在亲子学校上课期间手机还响个不停。有时虽然能参加亲子学校的活动，但爸爸一到教室就对女儿说："自己去玩吧。"叮当倒是与爸爸配合得挺好，人多的地方不去，就到人少的地方自己玩。玩完"天线宝宝"，就自己穿珠子，老师的教学活动和其他小朋友的玩耍都不能转移她的注意力。

（一）年龄发展的特点

自己的孩子能不能与其他孩子玩到一起，有一个循序渐进的发展过程。

第一，客体中心阶段。处于这一阶段的儿童很"务实"。当他与别的孩子打交道的时候，并不是对自己的同龄伙伴感兴趣，而是看上了他的玩具或其他物体。十个月之前的婴儿，即使在一起，也只是把对方当作活的玩具或物体看待，交往的方式是互相撕扯，或咿咿呀呀地说话。

第二，简单相互作用阶段。这时的儿童已经能对同伴行为做出反应，但常常试图去控制对方的行为，或者是“模仿秀”。比如，第一个孩子因为不小心碰着了自己而大哭起来。这时，第二个孩子“同病相怜”“触景生情”，也跟着哭起来，第一个孩子看见第二个孩子跟着他哭起来，似乎觉得挺好玩，自己的哭声就更大了。

第三，互补的相互作用阶段。孩子会走会跑以后，社会交往变得丰富复杂了。模仿行为已经普遍出现，并且有互补或互惠的角色游戏，比如一个逃，一个追；一个藏，一个找。他们在发生积极的相互作用时，也会伴有消极的行为，比如打架、揪头发、抓脸和争玩具等。

儿童同伴关系发展的这三个阶段告诉我们，婴幼儿的社会交往形式和内容虽然很初级，但是父母也要放手让孩子走过这些阶段，不要人为地束缚孩子的发展过程，把孩子交给老人或保姆就不管了，忽视孩子与同龄伙伴的交往，这样会损害孩子的社会性发展。

（二）对孩子的发展意义

父母在培养孩子“才气”的同时，也要注意培养孩子的“人气”。随着人们对知识和才能的重视，以后有知识有才能的人越来越多，当这些人才相处在一起的时候，靠什么脱颖而出？如果孩子只希望高居领导岗位，靠什么打造团队精神？其中一个重要方面就是人的合作精神和人格亲和力，否则“孤芳自赏”或“孤家寡人”的才子常常会有“怀才不遇”的郁闷。观察社会上的成功人士可以发现，真正取得竞争优势的人首先是一个善于团结合作的人，完全靠单枪匹马获得成功的人并不是经常出现，因为我们处于一个专业分工精细而又需合作共处的时代。例如“神舟”五号飞船总指挥，中国空间技术研究院院长、研究员袁家军说自己有这么一个习惯：“因为我站在一个领导的岗位上，要率领团队完成艰巨的任务，就必须一方面让大家有比较平静的心态，另一方面要启发大家创造性地思考。如果我认为谁有一个很好的想法，就会尽最大努力去创造条件，让他实现自己的想法，让他成功。”可见，父母从小就培养孩子善于团结合作的能力，其实是在为孩子将来拓展自己的人生舞台打基础。

（三）教育良策

1. 接纳孩子的合理性

团结合作是孩子社会交往能力发展到较高水平的体现，孩子越大，团结合作的意识和能力越强，父母要有一个等待孩子自然成长的过程。同时，年龄差距大一些的孩子团结合作状况更好，因为大孩子已经知道要谦让小弟弟小妹妹，而同龄孩子之间谁也不愿意相让，所以小孩子喜欢找大孩子玩，这是正常现象。一岁以后的孩子大多数开始学习独立行走，语言开始发展了，对他人语意的理解更加完善准确，他们探索世界的愿望格外强烈。看着自己身边的大孩子有那么大的本领、那么多的招数，他们渴望与之亲密接触，通过观察与模仿，多学点“童子功”。因此，与大孩子交往是幼儿自主发展、自主选择的结果。幼儿的健康成长离不开与同龄伙伴的交往，父母对婴幼儿同伴关系发展特点的了解，以及对孩子交往对象和模式进行适度的干预都是很重要的。

2. 看相关内容的影视作品

孩子都喜欢看动画片，大部分动画片都有同伴相处的故事情节，家长可与孩子一起看，看完以后，反复给孩子讲述与团结合作相关的片段，并且让孩子自己讲，从中获得社交技能。

3. 用儿歌促进孩子的社会化

在此提供一首培养孩子的团结力的儿歌，父母可给孩子编成故事，也可以画成漫画或卡通，并经常与他一起念，促进孩子社会性的发展。

《他们都是好朋友》

小山羊，去种树，路上遇见小白兔；

小白兔，去种花，路上遇见小青蛙；

小青蛙，跳下河，叫来一只大白鹅；

大白鹅，游啊游，请来一头老水牛；

排好队，一起走，他们都是好朋友。

4. 鼓励孩子“扎堆儿”

一般情况下，社会性发展尚不充分的孩子擅长自己玩，缺乏相应的社会交往技能，但这并不是把他们关在家里的理由。不把孩子放在人堆里，他怎么学会与人交往呢？这与“不入虎穴，焉得虎子”是一个道理。因此，父母要鼓励孩子平时与街坊邻居的同龄孩子一起玩，并积极参加社区组织的各种亲子活动，让孩子习惯于“扎堆儿”。

三、应对冲突的习惯

一位妈妈说，孩子刚刚能听懂大人的话时，我就给他很多很好的正面教育，比如要跟小朋友团结，有什么事情要跟小朋友好好说，不要争吵打架。现在他两岁了，上幼儿园了，我却怀疑对他的教育是否正确。小朋友一起做游戏的时候，他正自得其乐地玩自己的玩具，别的小朋友从他手里一把抢走了玩具，他一点反应也没有，拿走就拿走，再换一个玩；有时候，其他小朋友把他推倒在地，可能是摔疼了他才哭的，他既不还手也不知道告诉大人。很多情况都是这样，他受了“侵犯”却丝毫不反抗，谦和倒是挺谦和的，长大会不会比较窝囊呢？我还真有点担心。

另一个妈妈说，三岁的女儿在幼儿园受了欺负，我教育她“君子动口不动手”，不要反过来打一拳、踢一脚的，让她去告诉老师，让老师批评那个欺负她的孩子。女儿很听话，却吃了大亏。有几个小男孩总是欺负她，不是拽她的小辫子，就是在她的花裙子上涂画，告诉老师了，老师也只能事后批评。我想教女儿“还击”，但既怕女儿斗不过他们更吃亏，又怕把女儿教育坏了。现在最关键的问题是，这样下去，女儿的自尊心、自信心是不是会受到伤害？

（一）年龄发展特点

孩子一般到两岁的时候才有可能发生真正意义上的社会性冲突，两三岁的孩子即使平时会争吵打斗起来，但全然不是成人理解的“占便宜”“欺负人”或者争名夺利的竞争，他们只是以自己稚拙的人际交往技能演绎着从“和平”到“战争”又到“和平”的游戏流程。

这就是三岁左右孩子的游戏水平和特点，以独自游戏和平行游戏（在一起但没有合作）为主，真正意义上的合作游戏不多，因此他们也不懂什么游戏规则，但是“没有规矩不成方圆”，他们之间的矛盾就是在这个缺乏内在秩序的过程中产生的，他们对伙伴之间的矛盾关系却理解得比较粗浅，最终他们还是相安无事，分道扬镳的事情极少发生。

可见，大人强行向他们灌输“输赢”“吃亏”“窝囊”等概念就太“超前”了，他们根本不可能理解，不管是“欺负人”的孩子，还是“受欺负”的孩子，这些观念都属于误导。

四岁至六岁的孩子开始上幼儿园的小、中、大班或者学前班，同伴之间的交往情境变得更加丰富起来，发生冲突的概率和原因也随之复杂。根据观察研究，这一年龄阶段的孩子产生的冲突主要有以下几种：争抢玩具、食品、图书、游戏场地或者座位等；游戏规则不统一造成的纠纷；彼此发生误解而逐渐升级为冲突；帮助好朋友争取利益；行为习惯不好、无故挑衅同伴；受到他人干扰后的报复还击；受成人的暗示而发生冲突，等等。

可见，孩子发生冲突跟成人社会有本质的不同，他们没有根本利益上的矛盾，父母灌输给孩子“输赢”“吃亏”“窝囊”等观念是错误的，教育孩子正确与同伴相处、学会解决同伴冲突才是父母们应该重点关注的。

（二）对孩子的发展意义

同伴之间发生冲突未必完全是件坏事，孩子需要在面临、认识与解决冲突中了解人际关系，学习交往技巧，发展人际关系智能。因此，父母不要怕孩子之间发生冲突而限制孩子之间的游戏和交往。有的孩子与同龄伙伴交往少，跟父母或爷爷奶奶等长辈在一起的时间比较长，这对孩子的发展有一定的不利影响。因为长辈与孩子交往，处处都会让着他，一切游戏规则都向孩子这边倾斜，结果孩子形成以自我为中心的交往模式，缺少为别人着想的锻炼机会。再与同伴交往反而引起孩子不适应，由于不了解同伴的心理和需要，缺乏相应的共处技能，所以孩子解决问题和自我调节的能力也比较弱。因此，父母要适当给孩子面临和解决冲突的学习机会。

但是，孩子毕竟年幼，交往经验和技能都有限，有时把握不好解决问题的方式容易使冲突升级，甚至发生影响安全和健康的争斗事件，父母不能任由这种情况发展下去。同时，父母不要给孩子灌输一些比较世俗的成人观念，给孩子施加沉重的心理负担。一位妈妈曾经当着孩子的面声色俱厉地训斥："人家打你了，你就知道哭，你怎么不还手呢？只有窝囊废才哭哭啼啼！下次他怎么打你，你就怎么回敬他，不许哭！"妈妈既不冷静分析孩子因游戏不当造成的冲突，也不宽慰孩子受伤的心，反而"雪上加霜"，孩子的哭声更凄惨了。因此，从某种意义上说，孩子"吃得起亏"，"吃不起亏"的往往是父母。

（三）教育良策

1. 避免"受害者受责备"现象

绝大多数孩子都有过"被欺负"的经历，这是由孩子们语言发展有限、交往经验肤浅等原因造成的，是孩子们彼此学会打交道的必由之路。既然大家都吃过亏，为什么有的孩子后来变得大大方方、敢作敢为、处变不惊，而有的孩子后来变得胆小退缩、敏感自怜，甚至有点"窝囊"迹象呢？这就看在孩子受到不公平待遇时，父母采取什么样的教养方式了，孩子会跟随父母的教养方式逐渐定型自己的为人处事风格。

父母劈头盖脸地训斥、抱怨和辱骂，会真正导致孩子"窝囊"。在成人观念中，人们通常会这样猜想"受欺负"的孩子：为什么偏偏你受害了，你是不是招惹别人了，你对事情的预见性怎么那么差呢？事发后你竟然如此软弱和无能……成人有时直截了当地发出这些责备，有时通过言谈举止对孩子传达了责备的态度。孩子往往很自卑，为了维护尊严，他们宁肯独自忍受身心所受的伤害，这种"受害者受责备"现象将导致孩子受了委屈憋在心里不敢向大人倾诉，然后消极的情绪和沉闷的心理成为孩子的负担。大人还不知道出了什么事，反而从其他方面指责孩子，孩子这时浑身回荡的才真是"窝囊气”。长此以往，孩子容易形成封闭、内缩、胆怯的消极性格。

2. 增强孩子“反欺负”的技能

如果把孩子之间的游戏冲突界定为父母所理解的“欺负”，那么对孩子进行“反欺负”技能的培养还是很有必要的，这倒不是为了“争口气”或者“挽回面子”，而是培养孩子在游戏冲突互动中增强交往能力，学习游戏规则，提高人际关系智能。

模拟训练。在家里故意“侵犯”孩子，看他会不会躲闪回避，锻炼他对外来危险的预见能力以及迅速规避能力。

学会呼救。教孩子几句简短的句子，并让他大声地、快速地说出来：“你干什么?”“老师快来!”给对方以威慑，为自己呼救。

指导细节。面对泪眼涟涟的孩子，父母要保持冷静，不急着表态，让孩子慢慢倾诉，再根据孩子交往中的薄弱环节加强指导。

防卫适度。孩子也有动手自卫的时候，父母难免暗暗惊喜孩子“该出手时就出手”的能耐，但是教育孩子要“见好就收”，不能“防卫过度”。否则，过犹不及，孩子真正爱动手了，父母的日子就不消停了。

四、良性竞争的习惯

电视台要对某一个幼儿园的孩子拍摄一段录像，老师、幼儿和父母知道了都很高兴。摄制组来了以后，发现为了取得较好的视听效果，不能让这个班级的所有孩子都参与，于是只有一半的孩子参与了节目。没想到，第二天有个别幼儿的父母就来幼儿园告状说：“老师伤害了孩子的自尊心。”原来是没上节目的个别孩子回家后就不吃饭，发脾气，哭诉：“某某还没有我表现好，为什么她上电视我不能上电视?”“老师偏心，喜欢某某，不喜欢我。”家长知道后不但没有正面引导孩子，而且还把老师告到园长那里，弄得园长和教师都很被动。他们寻思着：没想到一件好事变成了一件麻烦事，下次再有类似的活动，还要不要参加?

一位母亲是某公司的管理人员，她特别崇尚从小就培养孩子的竞争意识，她有一个很坚定的理论依据就是自己所从事的管理学上的“鳗鱼效应”。据说渔夫捕鱼时最犯愁的就是捕上来的带鱼容易死去，因为带鱼有一个秉性是一出水便失去了生存能力，这样返航时带回来的都是满舱的臭鱼。有一个聪明的渔夫在船舱中放进了带鱼的天敌——鳗鱼，于是便看到了另一种景象：鳗鱼追着带鱼咬，带鱼被迫四处逃窜，带鱼体内生存的欲望被激发出来，惰性被活力所取代，其生存时间不知不觉延长了，死亡率大大降低。竞争激励机制就是这个道理，对孩子也应该让他早早地懂得竞争、学会竞争，把他的竞争天性激活。初听颇有道理，仔细思考一下，便发现这个类比有点简单化了。

（一）年龄发展的特点

1. 现代幼儿在竞争习惯上的最大问题是“输不起”

拥有较强的竞争能力是现代人立身处世的基本素质之一，自然培养孩子的竞争能力也摆在家庭教育的日程上，而且一抓就从头抓起。于是关于“怎样培养孩子的竞争能力?”“如何鼓励孩子参与竞争?”“孩子一输就发脾气，怎么办?”“怎样让孩子在失败时不放弃?”之类的咨询就格外多起来。重视培养孩子的竞争意识和能力，说明现在的父母具有主动进取精神。希望孩子能占据人生的制高点，有一个好的发展前途，这与竞争激烈的现实社会是相呼应的。但从孩子出现问题的外在表现来看，主要表现为“输不起”。

生气。中班孩子在进行拍球测试，有一个女孩儿刚拍了两下，球跑了，她马上气得噘嘴不拍了，其他小朋友帮她把球捡过来，她还是不拍，老师劝她也不行，老师说这孩子平常就是这样，总是跟自己过不去，稍微有点不顺心就生气。

说谎。大班孩子经常会制造“家园矛盾”。如果他的作品没有得到老师的表扬，他就跟妈妈说：“今天老师狠狠地批评了我。”排座位没有坐在中间，他就跟奶奶说：“老师不让我学习，让我坐在角落里。”家园沟通因此频繁互动，常常把教师捉弄得哭笑不得。

攻击。小班一个孩子在画画或做手工的时候，总是做一半就拿走另一个孩子的工具。其实这两个孩子都很聪明，只是第二个孩子的作品常常得到前来观摩的其他老师或家长的称赞，于是“醋意”使第一个孩子产生了破坏和干扰别人的行为。

退缩。小班一个孩子有一段时间总不想上幼儿园，妈妈问老师是怎么回事，老师也说不清楚，开始孩子不说，后来孩子说出原因是画不好气球。

任性。比起幼儿园集体生活来说，孩子的任性行为在家里表现得更多更“嚣张”。许多父母反映，在家里孩子有什么要求都得满足，否则他就用种种撒泼行为要挟，直到“胜利”。大人因此被折腾得筋疲力尽，苦恼不堪。

从以上种种表现可见，输不起的孩子要么情绪低落、心里痛苦、态度气恼；要么性格倾向不可爱，影响他们将来和谐性格的形成。因此，培养孩子赢不骄、输不馁的绅士风度很有必要。

（2）幼儿竞争主要是“排我性竞争”

儿童世界与成人世界的竞争规则不尽相同。竞争分为两大类：“排他性竞争”和“排我性竞争”。前者主要是成人社会的游戏规则，具有“胜者为王，败者为寇”的比拼结果。而“排我性竞争”主要是儿童世界的竞争特征。纵观人生，做学生这段经历带有很浓的“自我奋斗”痕迹。一个智力普通的孩子只要学习态度端正、方法得当、努力勤奋，就能成为一个合格的学生。显而易见，以上诸因素都是比较“个人”的事，只要善待这些“个人”的事，就能完成学生时代的主要任务。孩子们之间没有根本的利益冲突，并不是非得争出个你输我赢的结局不可，因此，儿童世界的竞争主要是“排我性竞争”。

（二）对孩子发展的意义

竞争本身是个中性词，对人具有健康、向上、文明的积极促进作用就是良性竞争；使人变得自私、狭隘、妒忌、规避、退缩等消极现象就是恶性竞争。孩子有“输不起”的表现就是恶性竞争的消极影响，使他们感到痛苦而且与周围环境或者他人不和谐。因此，培养孩子“输得起”的竞争理念对其今后的发展有很好的促进作用，可以让他与周围的人和睦相处。

（三）教育良策

“胜败乃兵家常事。”这是深厚阅历培养出来的大将风度。“输得起”意味着认输而不服输，并力争东山再起的良性竞争状态。带领孩子进入良性竞争需要从小就培养良好的竞争素养，这是他们应对未来成人社会竞争生活的基础。

1. 常常念叨别人的优点

这并不是长他人的士气，灭自己的威风，而是进行认可别人、接纳别人的“情商”培养。对于输不起的孩子尤其要加强这方面的熏陶。经常与孩子交谈：“某某小朋友有什么优点?”“你可以从某某小朋友身上学到什么长处?”

2. 掌握基本的知识和技能

竞争主要是依赖自身的潜能和优势，知识和技能上的匮乏常常是孩子产生挫败感的直接因素。如果孩子是这种情况，就手把手地教他知识和技能，让他产生成就感，建立自信心。

3. 游戏时别总是让着孩子

在下棋、打扑克牌、拍球等亲子游戏的时候，别总给孩子造成他胜利的假象，因为孩子与成人的思维方式不一样，大人觉得让让孩子只是玩玩而已，儿童却把游戏当成“工作”一样对待，要在游戏中让孩子知道有输有赢，并锻炼他承受输的心理压力。

4. 合作与竞争是一对孪生子

观察社会上的成功人士可以发现，真正取得竞争优势的人首先是一个善于合作的人。对于孩子来说，学会竞争的前提是学会合作，因此，培养孩子成为一个好的合作者将是孩子善于竞争的坚实基础，过分争强好胜的孩子反而在人际关系智能上隐含很多问题。

五、接纳他人的习惯

“孩子，你再不吃了这口饭，我就把它送给隔壁的茗茗了。”果然，孩子把这口饭吃了。

“孩子，你要是不跟妈妈走，妈妈就做露露的妈妈了，不做你的妈妈了。”

果然，孩子赶紧跟着妈妈走了。

当父母在得意这一招很管用的时候，是否想到自己可能助长了孩子的嫉妒心理？长期用这种方式教养孩子，可能使孩子习惯于把别人树立成为“假想敌人”，养成不喜欢接纳他人的不良习惯。

（一）年龄发展特点

善于接纳他人在心理学上属于亲社会行为研究领域，是指孩子与他人亲昵、分享、合作、同情、安慰或者帮助他人的行为。

一两岁的孩子就能够用积极的反应表达对他人最初的友善倾向。通常，不满一岁的孩子已经能够对别人微笑或者咿咿呀呀地愉快交流，看到其他小朋友哭泣、受伤、摔倒等困境，他们会加以关注，并出现惊讶、皱眉、伤心等表情。稍微大一点的孩子还会做出轻拍、抚摩等安慰动作。两岁左右的孩子欢迎别人加入自己的活动，拿自己的玩具给别人玩，也乐于主动参与别人的游戏，还能帮助爸爸妈妈、爷爷奶奶做一些简单的事情。

值得关注的是，孩子接纳他人的习惯并不一定随着年龄的增长而加强，相反，在某些阶段和某些事情上有可能减少。有的孩子在四岁、五岁或者六岁的时候，嫉妒情绪增长，出现排斥小伙伴、与大人对抗等行为，攻击性行为明显增多，这与家庭教养方式有明显关系，比较严厉或溺爱的家庭环境会影响孩子接纳他人习惯的发展。所以，随着孩子年龄的增长，要加强对孩子进行善于接纳他人的培养和教育。

（二）对孩子的发展意义

善于接纳是孩子智商、情商、知识、技能的综合体现，它要借助孩子的观察水平、理解和分析能力，以及相关的技能才能实现。善于接纳他人的孩子总是很快乐的，不会总是跟家人闹别扭，可谓“利己利人”，而且孩子长大了善于合作、热爱学习，显得特会“来事儿”。因此，家庭教育可不能小看了孩子爱心培养的重要意义。

不喜欢接纳他人的孩子在很多情况下表现为嫉妒情绪。人天生都有嫉妒心理，婴儿从 16～18 个月就开始出现嫉妒表情，两三岁的孩子嫉妒吃醋的心理就已经很明显、很复杂了。我们每个成人都有过因嫉妒别人而使自己感觉不安的体验，孩子同样会被嫉妒折腾得不高兴、不愉快，甚至担心害怕。例如，老师说露露的画好看，不喜欢接纳他人的孩子就会有这样的心理活动：难道我的不好看吗？那好，现在我拿支黑笔在他的画上胡乱涂上几笔，怎么样，还好看吗？老师，你现在得表扬我的画好看了！结果，孩子与露露之间的冲突就发生了。可见，父母要从小培养孩子喜欢接纳他人的行为习惯，与周围的人和谐相处。

（三）教育良策

1. 接纳他人测试

喜欢接纳他人是对他人友好、富有爱心的表现，具体反映在以下类似行为和情境中，父母可以做个对照测验一下，观察自己的孩子在接纳他人的习惯上有哪些优势，有哪些需要改进的地方。

孩子喜欢与他的主要看护人一起游戏和生活？

当其他小朋友哭的时候，孩子会专注地看着他，表示关注和同情，甚至会拿出纸巾或者手帕给这个小朋友吗？

如果有小朋友摔倒了，孩子会走向他，并试图帮助他起来吗？

在户外玩耍时，成人与他打招呼，他有积极的回应吗？

能与成人或小朋友一起玩你追我跑、你藏我找的小游戏吗？

别的小朋友想玩孩子的玩具，孩子愿意给他吗？

比较容易配合爸爸妈妈的劝告，不无缘无故地伸手打人吗？

如果妈妈爸爸生气了，孩子能够暂时收敛自己正在进行的不适宜行为吗？

喜欢用拍手、拥抱、飞吻、挥手、握手、拉手等方式与人打招呼吗？

如果你的回答是肯定的，说明你的孩子“十分”善于接纳他人。如果孩子不符合的比较多，说明孩子需要父母抓住教育时机，及时引导，使孩子在某些方面可以得到提升。如果孩子不符合的非常多，说明爸爸妈妈要在孩子的身上多投入一些精力和关注，注意吸取科学的教养方式。

2. 正面鼓励孩子，不要一味地哄孩子

婴幼儿特别需要父母的表扬和鼓励来建立信心，于是有的父母单一地、夸张地表扬孩子，孩子做了什么不对的地方，也把责任向别人身上推，孩子长期被这么哄着，久而久之就不愿意学习和承认别人的优点，不接纳和嫉妒别人的事情随时可能发生。例如，在一项小比赛后，孩子输了比较伤心，有的父母就说："他有什么了不起的？我们也行！"这样也许安慰了孩子，却是逃避现实的嫉妒言语。父母可以正面鼓励孩子："人家孩子学会了，那我们经过学习也一定能行！咱们回家试试吧。"

3. 不要有意"骚扰"孩子

有的成人喜欢逗孩子，一把把孩子手中的玩具抢过来，说"这是我的"或者"我不给你了"，看着孩子瘪着嘴哭了，就又还给孩子。但是，孩子也辨别不出来玩笑的真假，被这样招惹以后，容易产生自卑心理，自卑常常是转化为嫉妒的前奏。当然，如果有朋友、邻居或者同事这么逗你孩子玩，你也不好意思驳回人家的面子，你可以悄悄地对着孩子耳朵说："别着急，叔叔（阿姨）和你开玩笑，一会儿他就还给你了。"这样也锻炼了孩子的耐挫心理。

4. 不要反复传说孩子的嫉妒趣事

孩子的嫉妒故事不要反复地说，以免孩子心安理得地嫉妒下去。皮皮说他想变成一只小虫子，钻进东东的嘴里，把他的牙齿都咬成小洞洞，这样他吃饭就吃不快了。原来，老师总是夸东东吃饭又快又不洒饭粒，皮皮怎么努力也赶不上他，就幻想出这么一个"损招"，暂时求得心理平衡。妈妈听了以后觉得孩子太有意思了，逢人就说这个笑话，皮皮就在一边听着，时间长了，他的"幻想故事"越来越多，博得妈妈的"快乐"也越来越多。后来老师提醒她："您这么做让孩子觉得自己的想法是正确的，不利于他的心理健康发展。"妈妈这才意识到自己疏忽了对孩子的正确引导了。

5. 避免"亲子嫉妒"的消极影响

如果您正为孩子嫉妒别人而发愁，现在反思一下自己，您嫉妒过孩子吗？也许您会奇怪："这怎么可能呢？要说同事、同学和夫妻之间存在嫉妒尚能理解，亲子之间怎么会有嫉妒呢?”

江女士有一个小儿子不到半岁，丈夫工作很忙，她一个人带孩子比较劳累，于是便住在同一个城市的娘家里，平时江女士与儿子享尽了母子亲情带来的欢乐。有一次，丈夫周末回来与儿子一起玩耍得很尽兴，儿子乐得“咯咯咯”，爸爸乐得“哈哈哈”，这本来是好事（因为孩子会认人了)，结果江女士当天哭了一个晚上，还没头没脑地训斥丈夫：“你带过几天孩子?你知道带孩子有多辛苦吗?你就知道捡便宜！你就会带孩子玩!”丈夫对妻子的反应莫名其妙，第二天到单位问同事：“你说这女人是怎么回事儿?”

嫉妒主要是一种消极情绪，具有一定的有害性。反映在亲子关系中，会让人不知不觉地排斥孩子与爸爸或妈妈之间的亲情。当孩子还处在学龄前阶段中，不少家庭会出现这种情况，尤其是妈妈，她觉得孩子是自己身上“掉下来的肉”，在感情上对孩子的独占欲望比较强烈，总希望孩子在自己身边如小鸟依人，才能补偿自己生育和养育孩子的辛苦。因此，有的妈妈对孩子总是不放手，对孩子“黏”着自己还挺自豪，至于孩子与爸爸之间的疏离则认为应该如此，甚至有时干涉、剥夺孩子与爸爸游戏的机会，完全没有意识到这样让孩子损失了完整的爱。

江女士曾以多种方式流露出潜意识或显意识的嫉妒。她在逗孩子学说话的时候，有时会这么说：“孩子学妈妈说话，妈妈好，爸爸坏!”有时婆婆说：“这孩子长得真像他爸爸小时候。”江女士就会立即反驳：“孩子像妈妈，不像爸爸，孩子看妈妈比爸爸漂亮，对吧?”如果三人一起出游，江女士总是与孩子亲密接触，丈夫则是拎包的或者当旁观者。丈夫把妻子的行为理解为对孩子的爱，全然甘愿自己处于“待岗”状态。

大家都知道，母爱和父爱有不同的特点，两相结合是塑造孩子健全人格的关键。因此，父母要有意识地控制和排除嫉妒心理，不让孩子体察你的“小心眼儿”，让他学会博爱，博爱的人自然喜欢接纳他人。

六、适应幼儿园环境的习惯

筱筱 8 月份上了幼儿园小班，这所幼儿园的小班孩子大部分是由托班升上来的，已经适应了幼儿园的集体生活，因此开学初期并没有出现“集体哭园”的现象，这对安定筱筱的情绪来说是难得的好环境。可是筱筱偏偏不“入俗”，分离焦虑情绪很强烈，以至于要专派一个老师带她。

筱筱自小对妈妈形成强烈的依恋，爸爸仿佛成了“局外人”。绝大多数情况下都是妈妈送筱筱入园，筱筱就紧钩着妈妈的脖子不肯放下，妈妈一走，她就会满院子找妈妈，而且从入园到离园的整整一天里，嘴里一直不停地念叨着：“找妈妈——找妈妈——”如果老师把她放在教室里，她就会立起脚尖，双手扒着窗户，用舌头舔门框或者窗框，试图冲破“牢笼”，投进妈妈的怀抱。

老师做了很大的努力帮助筱筱，但是可能妈妈的一句话或一个神情，都让老师的努力付诸东流。妈妈一看见筱筱要哭，就当着她的面说：“不行，这样可不行。”现在已经过去两个月了，老师、孩子、父母都很努力，但筱筱仍然不能度过分离焦虑。筱筱 9 月底生病了，只好“辍学”在家。

（一）年龄发展的特点

分离焦虑是儿童离开与自己朝夕相处的父母、家庭和熟悉环境时，产生的强烈不安情绪。幼儿园是孩子一生中所上的“第一所大学”，而“分离焦虑”状况则是进入这所大学的“录取分数线”。

孩子在幼儿园通常是这样表现分离焦虑的：①父母走后就大发脾气；②不高兴了就躺在地上哭闹；③躲在一个角落里自己悄悄地哭；④把老师当成妈妈，走到哪儿跟到哪儿甚至要抱着；⑤走到哪儿都拿着妈妈给的小毛巾；⑥总是往外跑，不进教室；⑦每当吃饭和睡觉的时候就开始哭；⑧睡觉的时候要抱着自己的依恋物；⑨一个孩子哭，很多孩子都莫名其妙地跟着哭；⑩一听到“妈妈”或“奶奶”等字眼就哭。

绝大多数幼儿都会自然而然地度过这一关，但他们并非顺顺当当地适应这所“大学生活”，有时会出现反复；有个别孩子很长时间都不能度过分离焦虑期，常看见亲子之间泪眼相送，犹如“生离死别”。

（二）对孩子的发展意义

1. 适度的分离焦虑具有积极意义

自我保护功能。婴幼儿对陌生人和环境一旦感到不安全，他的哭闹是在向父母发信号，“我感到不对劲了，快来保护我！”所以，这时看护者千万不要太“酷”，为“锻炼”孩子的意志和胆量而故意对他不理不睬，这样会使孩子失去对亲人对世界的信任感，让初来人世的他背上沉重的心理负担。

智力发展的标志。产生分离焦虑说明孩子已经能把熟人和生人区分开来，能把熟悉的地方和陌生的地方区分开来，这是他们的智慧和社会性继续发展的必要条件。如果孩子到了三岁还不能产生“分离焦虑”，说明他产生了比较严重的心理障碍，如孤独症等。

2. 过度焦虑是孩子健康成长的一堵墙

影响心理健康。美国著名心理学家埃里克森认为，三岁左右的孩面临的基本发展任务是消除不信任感并产生信任感。如果孩子没有安全地度过分离焦虑，说明他对周围的新人和新环境是不信任的，缺乏安全感，这使他无法与别人建立起密切的情感联系，不利于他的社会性和个性的正常发展。

影响身体健康。每年 9 月份或 10 月份都会发生这种现象：幼儿已经基本适应幼儿园集体生活，但是出勤率明显下降，大多是感冒、咳嗽或腹泻等疾病所致。从心理学的角度来说，这是分离焦虑症的后期延续。一个月的新环境适应使孩子“身心交瘁”，自然造成抵抗力的下降，出现所谓入园一个月后的感冒症状。父母和老师却以为孩子已经适应了，开始提新的要求，幼儿得不到修整，于是以“病”来调整自己。可见，为了巩固成果，父母和老师不要对孩子提出新的要求，以便让孩子感觉到安全和舒适，

坐失发展机会。分离焦虑比较厉害会限制孩子的正常活动，比如不参与同伴的游戏或老师组织的保教活动，因而失去许多有利于自己身体发育和心理发展的活动机会。如果家长的教养方式不当，对孩子过度保护而不放手，情况就更糟了。

（三）教育良策

1. 用不同的方式对待不同类型的孩子

孩子适应新环境具有先天特征。美国心理学家玛丽·安斯沃斯曾设计了一个有名的而且有趣的实验，叫“陌生情境实验”：让妈妈带着宝宝进入一个陌生的房间里，妈妈陪着他自由玩，等一会儿，走进一个陌生人与妈妈交谈，一分钟后妈妈离开，陌生人与孩子一起玩，看看孩子的表现，几分钟后妈妈返回，再看孩子的表现。结果发现孩子的反应有三类：第一类是孩子哭闹，对妈妈回来后的安抚也不领情（反抗型）；第二类是孩子哭闹，妈妈回来后就安静了，并与妈妈很友好（安全型）；第三类是妈妈在与不在对孩子的情绪影响都不太大（回避型）。

反抗型的幼儿适应新环境的变化速度比较缓慢，焦虑情绪反应激烈，不能马上接受别人的抚慰而安静下来，消极情绪持续的时间比较长。这样的孩子上幼儿园容易产生分离焦虑，不易转移依恋对象，特别需要老师和父母有较好的耐心接受孩子的这一特点，慢慢等待和帮助他建立安全感，逐渐适应新环境。

安全型的幼儿也会产生分离焦虑，但是他很容易被劝好，只要得到大人的温暖和帮助，他们很快就恢复了平静。这样的孩子要比反抗型的幼儿适应新环境速度快一些，他需要老师和父母有积极的态度和良好的抚慰策略。

回避型的幼儿比较腼腆，环境的变化不会引起他们太大的情绪波动，大人照看起来比较省心，父母和老师可以在此基础上培养他们对事物的积极主动态度和敏锐的发现能力。

2. 加强后天塑造的力度

有研究表明，孩子在很小的时候出现的问题，也有可能是父母在他更小的时候就埋下了“祸根”。当孩子出生以后，如果父母对孩子反应冷淡、照顾不周，孩子就已经不信任这个世界了，他后来那么“缠人”、那么“焦虑”很可能就是父母的原因导致。

当然，教育具有塑造和改变人的神奇功效，绝大多数孩子在入园后渐渐发现自己并没有被爸爸妈妈“抛弃”，自己仍然是爸爸妈妈的“亲亲宝贝”；并且发现幼儿园里还有许多“准妈妈”和小伙伴，他们在心理上就能“过五关斩六将”，把分离焦虑抛之脑后，把幼儿园当成自己温暖的家！

3. 父母要摆脱分离焦虑

上了幼儿园以后，不但对孩子是一个考验，对父母也是一个考验，对于心情紧张和焦虑的父母来说，同时还要进行“入园适应”的自我心理调适。其中的一个关键问题是父母对幼儿园要有一个正确的认识和适度的期望值，适应孩子在家里是“小太阳”，在幼儿园集体生活环境中却是“小星星”的客观现实，使自己的心态平和。

第四节　良好品德习惯的养成

一、文明有礼的习惯

赵女士是一个讲民主、尊重孩子自由的妈妈，一般不强迫孩子做什么事情，孩子因而思维活跃、能言善辩，但这也让赵女士陷入一个矛盾和困惑之中，那就是孩子变得越来越喜欢狡辩，她做什么事总有自己的理由，不愿意听取父母的建议。例如女儿见到赵女士的同学或同事不叫阿姨，过后，妈妈问她为什么不叫，并告诉她这样不礼貌，大家喜欢有礼貌的孩子等，女儿能讲出十几条不叫阿姨的理由：1. 我不喜欢叫；2. 我不喜欢这个阿姨；3. 我当时想睡觉；4. 上次阿姨让我怎么怎么来着我不喜欢；5. 要是 XXX，我就叫；6. 我不喜欢 XX 阿姨结婚时穿的婚纱；7. 我不喜欢阿姨和妈妈说话；8. 我不喜欢阿姨在我们幼儿园门口等我；9. 我不喜欢阿姨说话声音太大；10. 阿姨上次说了有什么什么不给我吃；11. 阿姨说了不给我生小弟弟……几乎所有的问题，她只要不想做，都有很多理由，孩子这样我行我素，不听取别人的意见，有时显得很不礼貌，会不会有问题？赵女士不禁担心起来。

（一）年龄发展特点

孩子关于礼貌的学习应该从很早就开始了。

一周岁以内的孩子虽然还不能说出确切的礼貌用语，但是他们对家长的礼貌行为产生浓厚的兴趣，因为礼貌是一种亲善行为，当家长对孩子微笑，或者握着他的小手边说摇边说“你好”时，孩子会表露出愉快的情绪；观察久了，他会模仿成人的样子露出灿烂的笑容，有时也会摆摆手表示友好。因此，家长不要以为孩子不会说话而忽略对他的礼貌教育。

孩子到了 2 岁已经能说出不少词汇了，尤其像“谢谢”“你好”“请”“欢迎”“对不起”“再见”之类比较简单的礼貌用语，家长可以根据情境教会孩子使用这些词汇。有的孩子语言能力发展稍微缓慢一些，但这也不影响他对礼貌的理解与学习。家长可以给孩子用肢体语言示范一些礼仪，例如作揖表现“你好”和“谢谢”，拍手表示“欢迎”，用飞吻表示“再见”等，都是在进行礼貌教育。

3 岁以后的孩子活动范围扩大许多，他们要上幼儿园、交朋友、逛公园、看演出、串门儿、接听电话以及参加一些公共场所的活动，孩子对礼貌的理解和学习也大大丰富起来，可以同时用语言、动作和表情表示各类场合的礼仪，对孩子的文明礼貌教育无处不在，家长可以抓住教育时机，及时丰富和培养孩子的礼貌行为。

（二）对孩子的发展意义

大多数职场的家长都有感受：一个人成功的要素除了才学、机遇外，还有一个很重要的方面就是彬彬有礼的风度。然而在教育小孩子的时候未必能有意识的主动传授这个法宝，结果有时候让自己很丢面子。

在孩子的健康成长过程中，有许多重要的事情都要认真对待，不得马虎，恐怕唯独礼貌待人都是一桩桩小事，很容易被家长误解为属于“不拘小节”之列。这里面既没有难以理解的深刻道理，也没有操作太复杂的技术要领，都是一些举手之劳、顺便顾及的小事。礼貌待人的教育确实具有简单易懂和简单易行的特点，但是要养成礼貌待人的良好习惯，进而形成文明礼貌的美德，父母就要把礼貌待人当作一件“大事”来看待，而且要长期不懈地坚持下去。

（三）教育良策

1. 在生活细节中进行礼貌教育

文明礼貌教育不能单靠讲道理，也不能指望孩子明白了道理就一劳永逸了，要非常耐心地指导具体的文明礼貌语言和行为，礼貌的话要一句一句地教，文明的行为要一个一个地指导，例如“幼儿文明礼貌的20个细节”，家长要很耐心地一个一个落实，不但自己要做榜样，而且发现孩子有不礼貌的行为表现，要及时给孩子指出来，并帮助孩子纠正。

孩子文明礼貌的20个细节：尊敬长辈；爱护弟弟妹妹；热情待客；礼貌做客；彬彬有礼接电话；彬彬有礼打电话；认真倾听，不随便插话；及时回应别人的问话；请求帮助要客气；影响别人要道歉；公共场合不大声喧哗；排队先来后到按顺序；文明乘车先下后上；上下楼梯、平时走路靠右行；吃完饭把面前的垃圾收拾干净；上完厕所要冲水；好吃、好玩的东西大家分享；不随地大小便；不冲着别人打喷嚏；不要随便乱扔废物。

2. 教孩子正确对待不礼貌的人

常听见有的父母说：“我们教育自己的孩子要有礼貌，可是受到不礼貌的孩子欺负，怎么办?”这确实是现实生活中会遇到的一个难题。孩子总要与不同的人打交道，当孩子在外面“吃亏”或者“受欺负”的时候，家长“组团”为孩子出气，对他的影响是非常不好的。面对遭受非礼之遇的孩子，家长要保持冷静，不急着表态，让他慢慢倾诉，再根据孩子交往中的薄弱环节加强指导，其目的不是“争口气”或者“挽回面子”，而是提高孩子妥善解决问题的能力。例如教孩子几句简短的自救语句，并让他大声地、快速地说出来，给对方以威慑，为自己呼救。如果孩子有动手自卫的行为，要教育孩子“见好就收”，不能“防卫过度”，同时还要引导孩子乐意接受小朋友诚恳的道歉，培养宽容之心。

3. 为孩子指明言行目标

孩子没有养成文明礼貌的习惯，常常是因为他忘记了该做什么，有时他也会要计谋掩盖自己的调皮捣蛋行为，这种时候如果总是挨家长的批评，他可能会对自己的努力失去信心，如果进一步习惯了这种批评而不改正，那么他主动学习好习惯的精神就更薄弱了。在现实生活中，恰当地给孩子开“高帽公司”是一个很有效的方法，这个“高帽”并不是虚假表扬和一味护短，而是“预支”表扬，为孩子的行为指明目标和希望，增强他的信心。当孩子有点犹豫把自己喜欢的开心果给叔叔分享，家长故意说他是个大方的好孩子，得到鼓励的孩子很可能因而大方。当孩子吃饭慢吞吞的时候，爸爸故意给他“戴高帽”：“老师说你今天吃饭比昨天好，让爸爸看看是不是这样?”有时候不直接赞扬他，而是跟别人聊天时赞扬他，却故意让他听到，这样的“高帽”增强了真实感，孩子更乐意接受，并且增强了他行动的动力。

二、诚实做人的习惯

一位妈妈说，宝宝4岁，有一天拿回来了幼儿园的一个小的塑料拼装玩具，她从口袋里拿出时很开心，我立即说：“你是不是在幼儿园玩的时候玩高兴忘了放回去，带回家了?”第二天，我居然又在她的口袋里发现了另一个小拼装玩具，无论怎么问她，她都不说是怎么到她的口袋的，她爸爸生气了，将她关到阳台上，她哭了许久也无人理她，只好说出是拿了班里的。我们严厉批评她，告诉她园里的和别人的东西都不许私自拿回家，园里的玩具是所有小朋友一块玩的，少了大家就玩不了了。第二天我们带着孩子向老师说明情况，并让她自己说“我不拿了”。我很纳闷：4岁孩子的心理是否真有偷的意识?

（一）年龄发展特点

孩子是一个尚未发展成熟的人，具有以自我为中心的思维特点，常常把现实与想象混淆在一起，把自己和他人混为一谈。因此，当孩子描述一件事情的时候，有的是他亲眼“看见”的，有的是他“听说”的，有的是“想象”出来的，有的甚至是别人的亲身经历，但他统统都“据为已有”。所以，孩子说话有真假参半的现象。

孩子把幼儿园玩具“拿”回家的行为不能定性为“偷”。对于4岁的孩子来说，这种“拿”是“不知者不为过”的肤浅认识水平造成的，而“偷”则是明知故犯的品德不良行为，两者外在行为表现结果是一样的，但实质上两者绝不是一回事。前者是孩子对物的所有权概念分辨不清，常常把现实与幻想混淆，因而不管是别人的还是幼儿园的，有时把自己所喜欢东西当作自己的东西，顺手就“拿”回家了。后者是私欲膨胀的劣性行为，明知东西不是自己的，还想方设法据为己有，是自私自利的表现。

据有关资料显示，90%以上的人在孩提时代都有过“拿”别人东西的经历，可见幼儿这种行为的普遍性。因此，幼儿教师和父母要对孩子耐心讲道理，同时要求孩子把自己的东西归放到专门的地方，培养和强化他们“物归所有”的观念，随着孩子认识水平的提高，他们乱拿别人东西的行为就渐渐消失了。

（二）对孩子的发展意义

诚信是现代人应该具备的基础素质，这个品德和习惯要从小培养。对幼儿来说，培养他诚实不说谎的习惯不但具有品德教育意义，还有利于促进他的智力发展。因为幼儿说谎常常是由于认识水平有限，解决实际问题的能力不足而不自觉地采用的心理自卫方式。所以，父母积极培养孩子实话实说的习惯，实际上也是提高他认识与解决问题的能力。

诚实能带来轻松愉快的好心境，说谎常常伴随紧张不安的情绪，所以，诚实不说谎的习惯还有助于维护孩子的心理健康。

（三）教育良策

1. 严肃对待孩子第一次“撒谎”

在一次父母育子经验交流活动中，张女士介绍了自己的观念和做法：“撒谎”这个词可能对三四岁的孩子而言有些严重了，但是小孩为了满足自己的需要确实有欺骗性的语言。刚上幼儿园，孩子表现出不愿意，我们给她讲道理，为什么孩子要上幼儿园，慢慢地她有些知道了。但有时还表现出不愿意上幼儿园，我们问她为什么，她竟说：“XX老师打我。”我们坚信这样的事情绝不会发生。于是就更细致地问她，这个时候她开始编造各种理由，一会说这个打她，一会说那个打她，我们更加确信她在使用欺骗语言。于是为了对这个行为进行纠正，全家人一致为她开了“批判会”，她还从没经历过那么严肃的气氛，自然认识到撒谎是非常严重的行为，有意思的是她那个时候还不能区分“说错了”和“撒谎”的区别，一旦我们把一些事情说错的时候，她会说：“你撒谎，你不对。”当然现在她能够区分这两种行为了，并且也养成了诚实不说谎的好习惯。

2. 培养孩子“实话实说”的思维能力

上小班的俊俊回家后举着食指说：“妈妈，手疼。”妈妈问：“你碰到哪里了?”“没有，饭烫的。”妈妈一听是饭烫的，心里就对幼儿园有意见了。“那你在幼儿园疼吗?”孩子说“疼”。既然孩子在幼儿园被烫着了，刚才老师为什么不说一声呢？这样故意掩盖自己工作中的失误也对孩子太不负责任了。唉，算了吧。这位妈妈按照“土”办法，往孩子的手指头上抹了好几次香油，结果双休日过去了，孩子的手不但不消疼，而且还有些微红肿。周一，妈妈对老师说了事情的经过，言语中流露出不满情绪，老师觉得很纳闷，于是就把孩子带到了医务室。保健大夫“火眼金睛”，发现孩子手指头上扎了个细小的刺，挑出来以后，孩子就不疼了。老师把这个“刺”用纸包好了，留作“证据”，以便下午向这位妈妈“申述不白之冤”。

其实，孩子的“疼”是幼儿以自我为中心的思维特点造成的，当孩子感到“疼”的时候，他也开始积极地寻找原因。他终于“想”起来自己吃饭曾经被烫过，那种感觉就是今天的这个“疼”，至于手扎刺会“疼”，太新鲜了，这是他人生的第一次体验，他可说不清楚，于是把它合并在“饭烫的”原因中了。可见，父母要在理解孩子思维特点的基础之上，才能培养他实话实说的能力。

3. 成人不要逼迫孩子“实话实说”

一天，妈妈带着孩子找园长告状，只见这孩子的左眼侧有一道红印子，周围隐隐约约有点发青，孩子在家里说是老师打的。园长立即调查这件事。孩子所在班级的老师听了园长的询问后，感到一头雾水，莫名其妙，心里更是一肚子委屈。当再次询问孩子的时候，孩子又说不是老师打的，这时，妈妈着急了，安慰孩子不要害怕，要说实话，可孩子还是否认是老师打的。

但妈妈一口咬定是老师打的，而老师则以“人格”和“性命”担保绝无此事。孩子在询问的过程中，说了好几种可能性情况，每次说法都不统一，哪一次才是真实的呢？园长犯难了，“案子”没法审理，妈妈和老师之间因此留下了心理阴影。

天真无邪的孩子“说了好几种可能性情况，每次说法都不统一”，既把老师和妈妈这些成年人搞蒙了，自己也被搞蒙了，因为成人询问的暗示性特别强，孩子根据成人的暗示线索东倒西歪，妈妈和老师问得越多，孩子说话的“水分”越多，戏剧性越强，最后事情只好不了了之，但是家长和老师之间的心理疙瘩却形成了，这种“疙瘩”让人别别扭扭，影响彼此的信任度。

研究发现，与同龄孩子交谈比与成人交谈所说的“真话”要多，因为成人暗示的技能比较娴熟。可见，成人逼迫孩子“实话实说”，不但对孩子造成很大的压力，还有可能产生误导。

4. 不要让孩子觉得“错的”就是“坏的”

对错是判断事物正误的是非标准，好坏是判断人品高低的道德标准。幼儿常常会因为认识水平不高而说错话、做错事，这时父母如果严厉地批评责怪他，他以后就特别怕犯错误，而孩子犯错误是难免的，于是为了掩饰错误，他就说谎。所以，当孩子错了的时候，成人要平静地告诉他错了并指导他应该采用正确的方法，不要让他对错误有恐惧和内疚心理。

5. 不过分欣赏孩子的“骗术”智慧

有一天，4 岁的儿子与爸爸一起下军棋时，下到中途，儿子采用了“调虎离山”之计，他说：“爸爸，坐这么长时间了，你该去解手了。”爸爸想，这小子一定有什么阴谋，就假装去卫生间，然后又折回，躲在一边，发现儿子果然将爸爸的“炸弹”旁边的两个棋子翻开看看，见不是“司令”“军长”，才又放心地盖上。爸爸说：“不许耍赖呀！”儿子脸顿时红了，不好意思地说：“我，我怕你炸了我的大官。”

面对生活中的这一现象，有的家长认为孩子耍耍小聪明、用点小伎俩只是玩玩而已，没有必要太认真严肃；有的家长则认为应该从小培养孩子诚实的品质，所以要对孩子加强教育。两种说法听起来都有道理，但是需要把握好教育的分寸。

孩子的欺骗行为常常制造出令大人忍俊不禁的幽默效果，因此不少家长控制不住这种喜悦而在孩子面前大加赞赏，即使有所批评也是表面佯装的，一眼就能被孩子识别出家长实质上内心的欣赏，这样下去，孩子就知道自己的“伎俩”能博得大人的关注与欢心，进而喜欢反复尝试这种游戏，长久下去容易形成恶作剧的行为习惯，最后可能致使孩子的聪明劲儿偏离道德发展方向。所以，家长不要过分欣赏孩子的骗术智慧。不要认为孩子说谎是聪明、有趣的现象而采取忽略、放任的态度。有的父母觉得孩子说谎也坏不了什么大事，于是把孩子一些说谎的事迹当成开心果逗乐，而且不避讳孩子在场，孩子觉得自己说谎可以得到父母的赏识和鼓励，于是这个不良习惯得到纵容。孩子有些耍小聪明的“伎俩”确实让人忍俊不禁，反映孩子的天真与可爱，但是家长应该回避孩子直接听大人们谈论这些趣事。

6. 奖励诚实且不过分严厉地惩罚欺骗

随着年龄的增长，孩子的认知发展水平更高，他的“骗术”也随之高明，家长面临的挑战更大。但是实证研究发现，严厉批评、吓唬和威慑会让孩子对自己的谎言守口如瓶，宽容和原谅则让孩子坦白诚实。例如孩子打碎了花瓶，如果家长说：“是你打碎了花瓶吗？如果你不说实话，我就不理你了。”孩子十有八九不说实话。如果家长说：“是你打碎了花瓶吗？我知道你不是故意的，如果你说实话，我与你一起做一个好玩的游戏。”孩子十有八九会说实话，这就是说孩子放松警惕，他才更有可能配合家长坦白从宽的态度。这样奖励诚实而不惩罚欺骗，事实上是一种理解和宽容，同时又不放纵孩子的骗局和谎言，将更有利于培养孩子良好的品德。

7. 为孩子满足需求提供正确的渠道

孩子说谎常常表达了某种心理需求。例如，①寻求关注：如果成人对他们的关注不够，他们可能选择用说谎的方式吸引成人；②自我保护：有的时候是他们做错了事情，为了避免成人的批评和惩罚而说谎，达到自我保护的目的；③争强好胜：孩子在某些方面很想满足成人的期望，或者是想超过其他小朋友，但是自己的实际能力又达不到，于是用说谎的方式来掩饰自己内心的不安。

可见，孩子说谎说明他有一定需求和愿望，但是他自己判断不好哪种方法是正确的，哪种方法是被人接受的，哪种方法是不被人接受的。另外，孩子从 4 岁以后想象力发展了，但他还不能完全区分想象和真实，有时候把两者混为一谈，就会出现说谎和偷拿别人东西的行为。这时候，家长要善于透过孩子的谎言发现他的真实需求是什么，然后使用正确的方法满足孩子。如果家长读懂了孩子那一颗“欺骗的心”，然后加以正确引导，孩子获得的不但是有品德上的培育，还有学习上的长进。

三、尊敬长辈的习惯

禅师听三位母亲聚在一起聊天。

第一位母亲说：“我的儿子比其他孩子身手灵巧。”

第二位母亲说：“我的儿子唱起歌来无人能及。”

第三位母亲腼腆地说：“我的儿子很平凡，没有什么值得夸耀的天赋。”

随后，三位母亲各自提着一个沉重的水桶返回村子，准备做饭招待禅师。三个孩子都跑出来迎接母亲。

第一个孩子连翻好几个筋斗，赢得大家的喝彩。

第二个孩子唱出了美妙的歌声，确实非常动听。

只见第三个孩子默默地跑到母亲跟前，替她把水桶提回家。

三位母亲问禅师：“你觉得我们的儿子怎么样？”

禅师回答：“你们的儿子？我只看到一个儿子而已。”

禅师的回答道出了为人之子的基本要义，即孝敬父母、尊敬长辈。容貌、才华、智慧、技能固然都是很可贵的，但美德是最可贵的，尊敬长辈则是作为孩子应该具备的基本教养。

（一）年龄发展特点

理解和尊重长辈与孩子的自我意识发展水平息息相关。

1 岁的孩子还认识不到自己和长辈是需要尊重的“人”，所以我们常常见孩子啃自己的小脚丫、揪妈妈的头发、拔爸爸的胡子、扭奶奶的耳朵，因为在孩子的眼里，自己、爸爸妈妈、爷爷奶奶跟大自然的花草树木、布娃娃、积木一样，都是可以把玩和探究的物，还没有“人的尊严”的概念，因此虽然这时他强烈地依恋爸爸妈妈或长辈，但还没有尊敬长辈的意识。

2—4 岁的孩子初步具有了自我意识，喜欢说“我”，却不太清楚自己与他人是不同的，他以为自己这么想，别人也会这么想，这也是孩子常发脾气的原因：妈妈为什么不按我的意愿做？难道妈妈不懂我的心？那我就发发脾气、做点坏事让妈妈看看！所以，两三岁是孩子挑战长辈权威的关键时期。

五六岁的孩子已经能够在认知上辨别出自己与别人是不同的，别人的想法可以与自己有所不同，孩子开始用询问、商讨、辩论、试探等多种方式与人沟通和交往。因此，这一时期家长要及时地引导孩子理解别人、尊重别人、关爱他人，使得孩子在心智发展的同时，塑造良好的品德行为。

（二）对孩子的发展意义

越来越多的家长发现，孩子动不动就打爸爸妈妈、打爷爷奶奶，不愿意向家长道歉，对家长没礼貌，还特别不听话，经常与长辈顶嘴，不知道尊重家长的劳动与感情，不愿意帮家长干力所能及的事情。因此，有一位妈妈说：“大家总是在说尊重孩子，可是孩子也得学会尊重别人呀！大人尊重孩子却换不来孩子的尊敬，应该加强教育孩子学会尊敬长辈。”

尊敬长辈使孩子懂得人与人之间相处的基本准则。虽然人与人之间在人格上是平等的，但是人与人之间的身份关系是不同的，因此，与不同的人相处需要遵守不同的相处规则和文化习俗，这是教育孩子学会为人处世的基本准则。当然，由于幼儿的生活内容比较单纯，接触的人也比较单纯，很多为人处世的规则他们现在还不可能掌握。但是父母要教育孩子从小就有为人处世需要遵守一定规范的意识和常识，而家庭就是第一个试验田。如果家庭教育不注意这一点，放纵孩子为所欲为，孩子的行为习惯往往先是“没大没小”，最后很可能“无法无天”，这就发展到非常没教养的地步了。

（三）教育良策

1. 坚定地拒绝孩子对长辈的不适宜行为

有的孩子第一次无意中打了爷爷的脸，爷爷装着哭的样子逗孩子，孩子觉得这是一个新鲜的游戏，于是又来一巴掌；还有的家长为了哄正在哭闹的孩子，抓着孩子的手往自己身上拍打，并说：“都怪妈妈，打妈妈！”这些方式都不利于孩子树立“人的尊严”意识，家长要坚决否定孩子这些行为，可以换其他方式安慰孩子，要渐渐地使孩子感受到这样一个观念：人是需要爱护的。

2. 把尊敬长辈的礼貌用语融入日常生活中

早上起床以后，如果爷爷奶奶准备好了早餐，父母教育孩子有礼貌地向老人打招呼：“奶奶，早上好！”“谢谢爷爷！”“再见，爷爷奶奶！”出门在外的时候，家长给孩子提一个总的要求：任何时候任何地点，只要是你认识的叔叔阿姨，都要有礼貌地说一声“叔叔阿姨好！”同时还要教育孩子：如果叔叔阿姨没有朝你这个方向看，可能是他正在忙自己的事情，你就可以不打招呼了，如果这个时候打招呼，反而有可能打扰叔叔阿姨。这不但培养孩子尊敬长辈、讲礼貌的好习惯，还培养孩子根据场合灵活调整自己行为的能力。

3. 跟孩子讨论其他人尊敬长辈的行为

成人和孩子都有一个特点是善于发现自己的长处和别人的短处，而不善于发现自己的短处和别人的长处。父母与孩子一起出门在外的时候，如果发现其他孩子有什么好的或者不好的行为，父母对此加一两句评价就对孩子有教育作用："刚才那个小朋友不错，他知道怎样尊敬长辈。""刚才那个小朋友做得不对，这么大了还不会尊敬长辈。"这些随机教育都会对孩子有积极的渗透和影响作用。如果全家人坐在一起看电视，看到相关的行为也可以有意识地加以评价和引导。

4. 教育孩子体谅和关心长辈的状况

长辈身体不好，要教育孩子学会问候，或者做些力所能及的小事，如端杯水，提醒爷爷奶奶吃药。有时候爸爸妈妈比较疲劳，孩子却没有"眼色"，还叫爸爸妈妈做这做那，或者问这问那，爸爸妈妈要明确地告诉孩子："我现在很累，想休息一会儿，你要把自己的事情做好，不要总是叫我。"家长很有必要给孩子提出这样明确的要求，教育他学会观察和体谅别人，在给别人减少麻烦的过程中培养尊敬长辈的行为习惯。家长还要引导孩子愿意为长辈做一些力所能及的事情，例如主动请长辈先行、先吃饭，回家了知道问候长辈，给长辈捶捶背、搬椅子坐、端水喝、摆桌椅、摆碗筷、丢垃圾等。

5. 日常生活中减少包办行为

孩子需要成人的关照和爱护，但是成人不能有过多的包办行为。如果成人什么都替孩子想好了，什么都替孩子做好了，孩子就会认为这一切都是应该的，不认为长辈为自己的付出是值得珍惜和感谢的，就很容易产生不尊敬长辈的行为。例如，有的孩子发现饭菜不合自己的胃口，就不吃饭，让家里人给他出去再另外买吃的，父母说今天先凑合着吃，明天再买，孩子也不愿意。这时候至少可以有两点要教育孩子：一方面，你事先也没说要吃什么，现在临时想出来的，在该吃饭的时候让爸爸妈妈饿着肚子给你重新买，你考虑到别人的感受了吗？另一方面，既然饭菜已经做好了，就应该先吃下去，否则就是不尊重做饭人的劳动了。

6. 给孩子提供一些优秀的文艺作品

总是依赖说教有时容易引起孩子的反感，大人看见相关的电影、电视、书籍、文章都可以让孩子看看。文艺作品有避免说教却能深深地打动人的功能，幼儿的思维发展特点更需要生动形象的故事情节来帮助理解和消化并加强记忆。因此，父母可以到书店有意识地收集这方面的书，为孩子提供具体的学习资源。

7. 不在孩子面前说其他家长的坏话

孩子还没有判断能力，别人说什么、做什么，他也跟着说什么、做什么。如果你对其他家长有意见，千万不要借孩子的话题说话，更不宜直接“教唆”孩子。如果丈夫回来晚了，妈妈对孩子说：“爸爸心里没这个家，爸爸根本不喜欢你了。”这样“含沙射影”不但刺激了丈夫，长此以往对孩子也是一个不良暗示。不要以为孩子听不懂，他可是一个“小人精”，成人的语气、眼神和态度都在向他传达真实的信息。

四、做事负责的习惯

点点是一个非常聪明、性格开朗的孩子，喜欢跟小朋友玩，但他有一个小毛病就是“常有理”，总是找借口为自己辩护，把责任推到其他事物或者别人身上。这不，刚玩完玩具，妈妈让他收拾，他说：“一会儿我还玩呢。”过了一会儿，妈妈再让他收拾，他就说：“我累了，想休息休息。”可是如果小朋友来家里，他就责问人家为什么不收拾玩具，妈妈说：“你是小主人，你应该带头收拾呀。”他却说：“玩具是他玩的，应该他收，小朋友要自己的事情自己做。”点点仿佛什么事情、什么道理都明白，但是什么都不愿意自己做，对于这个聪明却不好说服教育的儿子，妈妈拿他真是没有办法。

（一）年龄发展特点

像点点这样自己能做好的事情却不自己做，做错了事情不承认，习惯在别人身上找原因的现象，在其他孩子身上也普遍存在。这类问题的关键是孩子没有建立一定的责任心。

孩子的责任心不是一朝一夕突然出现的，它伴随孩子的成长而不断发展。

3—4 岁的孩子属于被动责任水平，能按照家长的指令完成一定的任务，显得很乖，是家长带养孩子比较顺手的一个阶段，但这时的孩子只是一味地顺从大人，并不理解责任的意义。

5—6 岁的孩子属于半被动半理解的责任水平，他开始明白“自己的事情自己做，小朋友要互相帮助”等责任和规则，但是常常说到做不到，他人提醒能做到，自己不会提醒自己做，这一阶段是培养孩子责任心的关键阶段。

6—7 岁的孩子属于理解责任水平，他的认识水平更高了，不但知道对自己、对父母、对小朋友要负责，还初步知道对社会要负责，例如环保意识、公益意识和集体意识。但是他由认识层面向行为层面转化的自觉性还不高，需要家长继续培养。

（二）对孩子的发展意义

责任心是一个人对他所承担的任务的自觉态度，包括对自己的责任、对他人的责任、对集体的责任和对社会的责任。从外表来看，责任感不像知识、技能和能力那样明显可见，但它是能力发展的催化剂。一个对自己有责任感的孩子，自觉水平高，让家长省心；一个对他人有责任感的孩子，亲善行为多，让家长宽心；一个对集体和社会有责任感的孩子，人小志气大，让家长放心。因此，有责任感的孩子表现出很多优点：自觉、自爱、自立、自强。可以说，责任感是一个人走向成功和幸福人生的必备条件。

（三）教育良策

1. 与三四岁孩子说话要注意措辞准确，清晰地传达任务与要求

三岁孩子的抽象思维水平还不高，难以理解一些比较笼统和概括的词汇，例如妈妈要求孩子“把玩具收拾好”对三岁的孩子来说就比较模糊，什么是收拾好？怎样做才算收拾好？妈妈可以把要求描述得便于操作，例如“汽车该回车库了”“画笔和笔帽是好朋友，不要让他们分家”“积木孩子该回家了，要不然就丢了”……其实都是把玩具放回原来的盒子、箱子或柜子里，但这样的要求很具体，也很有趣。

2. 与五六岁孩子用“我式句型”说话，唤醒他的责任意识

这一年龄段的孩子自我认识水平提高了，喜欢用语言和行为表达自己的

看法，表示自己长大了。大人不要以为孩子都懂事了，应该说到做到，所以常常用“你式句型”来命令孩子，例如“你最好……”“你应该……”“你总是……”这样容易引起孩子的逆反心理，不利于他自觉地履行责任。

如果换成“我式句型”，孩子感觉自己被尊重，更容易唤醒他的责任意识。

“我式句型”的基本结构是：“当……时候，我觉得……”“当……时候”表示家长发现的问题，“我觉得……”传达家长的感受，说明孩子的行为结果对家长造成的影响，使孩子自己意识到不适宜行为的后果，以此增强孩子的责任意识。例如：丽莎要是把玩具散落得到处都是，妈妈不直接用“你”式句型指责丽莎：“你总是把玩具扔得乱七八糟，快收拾好。”而是用“我”式句型说：“当玩具很乱的时候，我感觉很不舒服，因为我喜欢整洁。”渐渐的，丽莎就知道妈妈是想让自己收拾玩具，但这个行为不是妈妈外派的任务，而是丽莎自己悟出来并主动实践的。

3. 带领孩子积极参加公益活动，提高孩子的责任水平

孩子的品德按照由近及远的顺序发展，他先学会对自己、对同伴和家人负责，然后学会对集体和社会负责。对社会负责是比较抽象的，家长只讲大道理效果不好，要带孩子观看和参与公益活动。家长可以跟孩子一起看赈灾、义演、义卖、捐助的电视或图片，并跟他仔细讲述这是怎么回事，鼓励孩子伸出自己的小手为公益事业绘画、签名或捐赠，这都有利于培养孩子的责任感。

4. 为孩子的行为后果提供选项，培养自我管理能力

不管多大的孩子，责任心的发展都是认识先到位，行为稍滞后，这是因为孩子预见事物发展结果的能力和自我控制力比较弱，这时大人不要直接给孩子一个唯一的行为后果，而是给他提供两个以上的选项，提高他的自我管理能力。

例如：壮壮喜欢与小伙伴一起玩，可是比较霸道。当同伴到他家里玩的时候，他支配着别人玩什么和怎么玩，他总是说：“在我家就得听我的。”否

则他就有这样那样的抱怨。当发生争吵的时候，爸爸把壮壮叫到厨房，悄悄地对他说："你得让朋友自己选择玩什么，否则，你就单独站在这里想，什么时候想通了，才能到你的房间与他们一起玩，你选择吧。"壮壮说："我不想站在这里，想与同学一起玩。""那就不能与他们争吵。"爸爸说。壮壮点点头。一会儿，爸爸听见壮壮又在嘟囔了，他对儿子说："壮壮，你到厨房去一下。"壮壮马上明白了爸爸的意思，就又与同学和平地玩起游戏来。

5. 培养责任心的教育清单

培养孩子对自己负责，家长应该教孩子学会做下列事情：①玩完玩具，知道并做到收拾整齐。②听家长的话，不玩火、不玩电、不跟陌生人走。③天气变冷，知道添加衣服。④自己吃饭和穿衣，喜欢的事情自己做。⑤经过自己的努力完成一个任务，有成就感。⑥自己做错了事情，有后悔的表现。

培养孩子对他人负责，家长应该教孩子学会做下列事情：①同伴主动求助的时候，孩子愿意提供帮助。②跟同伴玩游戏的时候，能倾听和接纳同伴的意见。③家人生病或不舒服的时候，知道问候和关心。④对他人做错了事情，能够学会道歉和改正。记得自己向同伴和家人承诺过的事情，并争取说到做到。

培养孩子对集体负责，家长应该教孩子学会做下列事情：①喜欢上幼儿园，不迟到不早退。②积极参加班集体活动，乐意成为其中的一员。③配合老师的要求，愿意拿出自己的玩具或图书，与小朋友分享。④在集体竞赛性活动中有集体荣誉感。⑤能发现集体环境遭遇毁坏，并报告老师或自己解决。

培养孩子对社会负责，家长应该教孩子学会做下列事情：①爱护环境，不随意丢垃圾。②爱护公物，不随意破坏。③节约水资源，知道适量开水龙头，用完关水龙头。④节约用电，不需要的时候知道关灯。⑤向贫苦、受灾地区捐赠后感到很开心。⑥知道国旗、国歌、国徽，为中国的荣誉欢呼。

五、遵守规则的习惯

一个3岁的男孩上小班，在语言发展上能很清楚地叫出"爸爸妈妈"，用语言表达其他事物还不行，但是他的动作发展与别的孩子差别很大。他总是用玩具砸别人或地面，在幼儿园砸了其他孩子，有的孩子比较老实，也就没有引起事端；有的孩子不愿意，就还手抓了他的脸，留下几道红印。他在班里从来不坐凳子，而是站在椅子上、坐在桌子上，老师向他妈妈反映的时候，妈妈说孩子在家里还趴在电视机上，所以专门买没有辐射的电视机。老师说幼儿园里的电视机可不是防辐射的，妈妈说没有关系，让孩子自由发展有利于培养他的个性和创造性。父母的观念给孩子的入园适应带来很大障碍，也给教师出了难题。

（一）年龄发展特点

从儿童心理发育和自然成长过程来说，孩子天生崇尚“自由”，“规则”是后天的培养教育才建立起来的。精神分析心理学认为一个人的个性是由三部分组成的：本我、自我和超我。“本我”可以看成是代表个性中原始的、基本的、本能的冲动这一面，人出生时即具有；“自我”代表个性朝向客观的一面，人出生后与环境渐渐接触才产生，它试图把本能的愿望与实际的可能加以结合。

婴儿只有一个强大的“本我”，这个“本我”不知道是非善恶，不能区分现实世界的可能性与不可能性，无法控制自己的愿望和行为，是绝对的自由意志实践者，具有巨大的心理能量，力求突破一些规则实现自己的愿望。可是，要使孩子成为被社会和他人所接受的原则，孩子就必须对“本我”有所控制，逐渐建立起“自我”和“超我”，这样他才能成为一个心理发育健康、与他人相处和谐的人。尤其是孩子 3 岁上了幼儿园以后，开始过集体生活，就要遵循集体的游戏规则，对“自我”的自由自在有所约束，这样才能与集体共处，孩子的各种规则意识和遵守规则的能力才能建立起来。

孩子上了大班以后，面临着幼小衔接的发展任务，在成人的帮助和教育下，他们的规则意识应该发展得更加具有社会性，为适应小学生活做好心理上的准备。

（二）对孩子的发展意义

1.“自由过度”导致孩子任性

婴幼儿有以自我为中心的思维特点，主要是从自己的需要出发，与外界发生各种关系。如果一切都顺应他的本性，他就学不会与人打交道的礼仪常识和规则，导致形成为所欲为的倾向。孩子长大后产生的许多不良行为习惯，如好动、不服管教、攻击性强都与父母过度顺应孩子的本性有关。一位母亲过度尊重孩子的自由，她带着自己 2 岁的孩子去串门，一到朋友家里，孩子就开始拽她的头发，把她出门前整齐的发型拽得一塌糊涂，但是她依旧不对孩子说“不”。现在孩子已经 5 岁了，由于缺乏规则意识的培养，对大人和老师的劝告充耳不闻，在动作发展水平提高的同时，常常会制造出来一些“危险”和“事端”，成了带起来特别费劲的淘气孩子。可见，让孩子自由过度，实际上就是放任纵容，对培养孩子的社会性和责任心是不利的，使孩子“长”不出个性却“长”出任性。

2.“规则过度”导致孩子缺乏个性

有的父母教育观念走向另一个极端，他们认为听话的孩子让父母省心，很少惹出麻烦事来，养个小孩像一个小大人似的规规矩矩，是父母颇为得意的一件事。这种观念多表现在控制欲望比较强的父母身上。这类父母口头上也承认应该尊重孩子的愿望，但是这种尊重是因为孩子的愿望正好与他的要求一致，如果孩子的愿望与他的要求不一致，则会强迫孩子服从大人，并且认为这是管教严格、不娇惯孩子的表现。长期生活在这种控制氛围中的孩子，做事和思维的依赖性比较强，动辄请求大人的帮助，害怕尝试新事物，遇到挫折常常惶恐不安，而且调整情绪的能力比较弱，长久下去，孩子的探索与创新意识也会比较薄弱。

（三）教育良策

没有规则的自由是放任，没有自由的规则是遏制，都是教育不得法的表现，理想的状况是把握好规则与自由的张力，让孩子自由有度，在一定的规则意识中自由成长，这样的孩子既有责任心，又有创造性。

1. 自然后果教育法

有一种规则是自然法则，孩子经过亲身实践，认识到自己的行为将导致什么样的结果，并体验适度的不快和痛苦，规则意识才由此建立起来，这叫“自然后果法”。自然后果法要求父母不能包办代替孩子承担行为责任，把孩子罩在一个绝对安全的保护伞下。也不是说父母就撒手不管，让孩子自作自受。比较合理的做法是孩子先承担行为后果，再对他讲明道理。例如，孩子吃饭挑剔，家长不用跟在后面喂，而且不到下顿吃饭时间就不给他吃，用饥饿法则培养孩子的饮食习惯。孩子做事磨磨蹭蹭，不要对他反复唠叨发脾气，如果他错过学习时间或者做游戏的时间，家长不要给他弥补，用“机不可失，时不再来”的自然法则培养孩子的时间观念。当然，如果孩子的行为将导致长远后果，近期不容易看出结果，则不宜用自然后果法，例如坐姿不端正、握笔不正确等。

自然后果法使孩子在自然环境中体验：真正的自由精神是尊重自然法则的自由，不是随意妄为的自由。

2. 人为后果法

很多情境不能运用自然后果法，例如孩子横穿马路，不遵守交通规则，其后果相当危险，这样，使用人为后果法就是大量而经常的了，把它与有意惩罚相区别，就会应用得更加科学。

人为后果从错误行为中延伸出来，有意惩罚与错误行为不直接相关。一个小孩子喜欢坐在低矮的露台上边玩边往楼下看，虽然有栏杆，但看着还是很危险的。妈妈给他设定了人为后果：要么在地板上玩，要么下楼到院子里玩，这两个规则要求都与孩子的错误行为直接有关。有意惩罚则是打屁股、罚站等与错误行为没有直接关联的方式，反而让“屁股”和“腿”成了替罪羊，这是从“负面教训”了孩子，孩子从中只明白一个道理，如果做某件事情，屁股会受罪，为了保护屁股，以后不要做那件事。人为后果则是“正面教育”孩子，孩子懂得两个道理：做某件事情是不符合规则的，应该怎样做才是符合规则的。

人为后果关注的是现在，有意惩罚关注的是过去。有一次，妈妈带颖颖到同学家里玩，已经很晚了，该睡觉了，颖颖还不愿意走，最后妈妈强行把她抱回家了。第二天，颖颖提出还要到同学家里玩，有意惩罚的教育方式就是你昨天表现得不好，今天不带你去了；人为后果的教育方式则是提前预防，约法三章，妈妈说走的时候得走，不能像昨天一样又哭又闹地不走。可见，有意惩罚具有报复性，人为后果则具有建设性。

人为后果的态度是温和而坚定，有意惩罚的态度是厌烦和粗暴。使用人为后果的父母比较冷静和理性，规则底线不动摇，但是对孩子的说话嗓门不大，语速不急；有意惩罚则表现出不耐烦、生气甚至怒气冲天或粗暴，但是效果并不见得好。

3. 选择权限法

让孩子既遵守规则又放松自由，父母可以从改变说话方式做起，让孩子学会“做选择题”，训练有素的“超级孩子”也将学会参与设计“选项”，并从中提高自己的自由能力。

大多数孩子都喜欢玩手机，但是当大人需要接打电话的时候，孩子的游戏就具有干扰性了。当你正在接听一个电话的时候，孩子一会儿要摁键，一会儿拽你的衣服，一会儿制造出各种噪声，你会怎么办呢?

习惯于批评和惩罚方式的父母要么把孩子训斥一顿，或者啪一下打在孩子摁键的小手上，后果将变得更加糟糕，“两败俱伤”——孩子哭了，家长生气了，电话也不愿意打了。

尊重孩子自由的妈妈将出这样一道选择题：“妈妈打电话的时候，你可以做三件事，要么安静地待在这个房间自己玩，要么到另一个房间，要么等妈妈打完电话你再玩，你要选择哪个?”如果孩子选择前者，却仍然打扰你打电话，你就请对方暂等一会儿，把孩子抱到另一个房间，他不愿意也不行。这样他就明白，要享受与你待在一起的自由，就得尊重你打电话的自由。

选择权限法尊重和征求孩子的意见，兼顾了孩子的自由精神和规则意识，因为选项中包含了孩子除了不能做某事以外，可以做很多事情，暗示了孩子可以享受的自由很多，但是又不侵犯别人的自由。而直接命令孩子做其中一件事是比较武断的，孩子可能恰恰不愿意做那一件事，如果他提出要看电视、吃东西、玩某个玩具，反而丰富了选项内容，你给了他自由，自己也有了打电话的自由，这不是两全其美的事吗？

选择权限法使父母把自由民主与坚定规则有机结合起来，孩子学会选择则是自由精神和遵守规则的有机结合。长期与孩子这么打交道，有助于孩子形成既遵守规则又拥有自由的习惯，家长的教育形象也会更加民主和文明。

六、爱护公物的习惯

离园的时间到了，月月老远就看见爸爸往教室方向走来，快到门口的时候，月月大声叫了一声："爸爸——"同时把门口的一只垃圾袋当作皮球向爸爸踢去，但是垃圾袋口没有扎紧，结果垃圾散落出来，旁边有几个小朋友就踢起垃圾来。正好老师走出来，发现地面一片狼藉，就问："这是谁干的？垃圾怎么到处都是？"小朋友就互相"指认"起来，你告发我，我告发你，也揪不出真正的"肇事者"。月月爸爸亲眼所见女儿所造的"事端"，但这时已经乱成一团，他像没看见任何事情一样，拉着月月说："跟老师说再见，咱们回家了。"

（一）年龄发展的特点

孩子在 3 岁之前，还常常不能把自己的财物、他人的财物以及公共财物三者之间的关系区分得很明确，他是从自己的兴趣和需要出发，不自觉地把三者混为一谈，会出现喜欢别人的东西就把它当作自己的东西就拿走了，或者感觉一个房间白花花的墙可以用来画画，于是就在上面涂画起来。从幼儿这一时期所处的认识水平来说，孩子不是故意对公共财物和环境造成破坏，但是父母可以给孩子解释怎样做是正确的，怎样做是不正确的。

4 岁以后的孩子认识水平和自我控制能力都提高了，基本能够配合大人做出维护公德的行为。大人对孩子提出明确的要求，积极反馈孩子爱护公共财物和环境的行为，对他有损于公共财物和环境的行为给予否定和矫正引导，孩子能够形成良好的公德习惯。

（二）对孩子的发展意义

爱护公共财物和环境的习惯反映现代人文明修养的一个基本面貌。一个人的智力、相貌、地位、职位、金钱都可能因为主客观因素而有差异，并得到他人的理解和接纳，但是公德意识和习惯应该是普通正常人都能够理解、遵守和做到的。爱护公共财物和环境的好习惯是做人的基本素质，因此《幼儿园教育指导纲要》（以下简称《纲要》）有明确要求："教育幼儿爱护玩具和其他物品，爱护公物和公共环境。"家庭教育是幼儿园教育的亲密合作伙伴，父母与幼儿教师以《纲要》为指导，发挥各自所长，各有作为，是培养孩子良好行为习惯的基本保证。

（三）教育良策

1. 重视培养孩子的公德意识

观察发现，不少家长对培养孩子爱护公共财物和环境的习惯缺乏敏感的教育意识。有一天在一个停车场，妈妈带着儿子等爸爸开车来接，时间长了，孩子有点着急，就开始动动这摸摸那，终于发明了一个"玩法"：用脚使劲地踩停车场上锁车位的铁架子，妈妈还一个劲儿地鼓励孩子："踩！踩！使劲踩！"旁边一个奶奶过来说："别踩了，别把架子踩坏了！"妈妈说："没事，结实着呢，小孩子练练脚力就踩坏了，说明这架子也该加固了。"观察还发现，有的父母专门鼓励孩子爬幼儿园或公园等场所的小门，以"锻炼"孩子的胆量和攀爬能力。

从家长的出发点来看，觉得孩子力气小、力量薄弱，不至于对公共财物和环境造成破坏，同时孩子也可以锻炼身体。父母只看到了问题的一个方面，但是这一现象说明父母忽略了对孩子进行良好公德习惯的培养和教育。孩子在成长过程中，公德意识和习惯的形成特别依赖大人的点拨和提醒，否则他就局限在做事从个人需要出发的发展水平上，意识不到与别人、与自然和社会和谐相处的必要性与方式方法，等将来孩子上了小学，进入社会，遇到这样那样的交往麻烦还未必意识到是缺乏公德造成的，有可能归因于外在条件不符合自己的愿望，形成怨天尤人的思维方式，这对孩子的心理健康发展是有不利影响的。所以，父母对培养孩子爱护公共财物和环境等公德习惯，要有明确、清晰、敏感的培养意识。

2. 巧妙地补救错误而不是袒护错误

放学的时候天色还很亮，很多孩子在幼儿园玩耍。岁岁玩着玩着就开始拆起一把小椅子，拆掉的一条腿被他随手扔到路边上，妈妈一直在旁边陪着。这时老师发现了椅子腿儿，说："岁岁，这玩具是你拆的吗？幼儿园的玩具能拆吗？拆坏了，小朋友就不能玩了。"岁岁正要点头承认，妈妈马上说："岁岁，这是你拆的吗？妈妈怎么没看见"岁岁看一眼妈妈，又看一眼老师，慢慢地摇着头。老师接着教育孩子："岁岁，做错了事情没有关系，敢于承认错误的孩子是好孩子！"妈妈则接上话："岁岁，别害怕，你跟老师说这不是你拆的。"有妈妈撑腰，岁岁说话有胆量了："不是我拆的！"

面对这种情况，岁岁的妈妈认为，有证据才能有发言权，老师没亲眼看见，就不能承认，这样省得孩子受老师的批评，也省得让人觉得大人连"爱护公共财物"的简单道理都不懂。干脆来个"不认账"，一了百了！

有教育智慧的家长总是可以想出巧妙的办法既不丢面子，又教育孩子。岁岁可能在家里就比较喜欢拆装玩具，妈妈也支持孩子的这种探索行为，这时妈妈却忽略了公共财物不能当作自己家里的玩具随便拆装。当老师发现后，妈妈可以灵机一动："岁岁，跟老师说，你还要把它装好，行吗？"但是妈妈生硬地矢口否认事实，逼着孩子说谎，错误指数攀升，对孩子的影响非常不好，妈妈给老师留下的印象更是欠佳。

3. 满足兴趣以不损伤环境为前提

一位妈妈说，有一次，她带妞妞去看朋友的新家，她把小手、小脚往墙上抹、踏，她批评了孩子，但她还是不听，干完坏事还特别高兴，大人感觉很难堪，该怎么办呢?

孩子出于好奇有这种表现是可以理解的，父母一方面教育孩子随便在墙上踩踏是不好的行为，另一方面创设环境满足孩子涂抹的需求。在装修的时候可以专设一块孩子的天地，专门有一面墙或半面墙装修成一种白色的铝塑板，质地好、手感好，也比较美观，孩子可以用水粉或油画棒在上面画，然后用湿布或蘸点洗涤剂一擦就掉。这个墙面有足够的空间画画，有利于孩子表达丰富的心灵世界，父母也可以参与，与孩子一起合作画画，把儿童房装扮得充满童趣，而且展现的是孩子自己的作品，这是尊重和促进儿童发展的装修创意。

4. 平静地说服和引导孩子改正错误

幼儿园里刚刷了白墙，一个老师正在给孩子进行爱护环境卫生的教育，话还没有说完，一个小男孩往墙上踩了一脚，老师并没有呵斥他，而是蹲下来与他交谈。“这墙白吗?”“白。”“现在上面有个脚印，还白吗?”“不白。”“不白还漂亮吗?”“不漂亮。”“那我们怎么把墙变漂亮呢?”“把脚印擦掉。”于是，老师给孩子一片抹布，让他自己擦，其他孩子也受到了教育。在这一个小事例中，平静的态度、清晰的说理，以及正确的行为引导是教育孩子的关键，能给家长教育孩子很好的启发。

5. 善于讲述爱护公共环境的故事

幼儿接受道德教育的适宜方式是通过听故事和讲故事来提高自己的认识水平，家长通常注意选择有智力启发意义，有启蒙孩子勇敢、坚强、勤奋、诚实等方面的故事讲给孩子听，觉得爱护公共财物和环境方面的故事比较简单或者不涉及孩子发展的直接利益，就认为它不是太重要而不重视这方面的教育启发，认为这是幼儿园和学校应该做的事情。其实，这种观念和做法是不正确的。

第五节　自我防护意识与习惯的养成

一、自我防护意识养成的重要性

每个人都是从幼儿时代发展出来的，刚走进这个社会时，对世界上的所有东西都有浓厚的兴趣。而随着年纪的不断增加，特别是在3~6岁，行走意识与思维能力都有了迅速提高，也就愈来愈渴望挣脱父母的约束，想要自己独立地去探索这些奇妙的世界，所以总会忍不住四处摸一摸、看一看，对新奇的事情和东西总要用手摸、用嘴尝，而这也无形中添加了不少风险成分。因此怎样在生活中增强孩子的安全意识与自身防护意识，促使孩子健康发展成为父母与老师们所必须深究的课题。其中在当前社会的发展下，各种不良影响逐渐产生，对孩子的发展也带来了影响。因为孩子年纪小、安全意识淡薄、自身防护意识薄弱等，成了安全保障中的弱势群体，如果危机来临，单靠孩子自身是不能摆脱危险的，不免令人担忧。因此，对幼儿的自我防护意识的培养就显得尤为重要。

二、自我防护意识培养的途径

幼儿受到意外伤害的事故时有发生。为了保障幼儿的安全，我们不仅要加强社会治安，优化幼儿成长的安全环境，而且还要加强幼儿的自我防护教育，从主观方面提高幼儿的自我防护意识和自我保护能力。如何加强幼儿的自我防护教育呢?

（一）加强幼儿的安全意识教育

幼儿的年龄太小，毫无生活经验，头脑中没有危险、伤害这些概念，缺乏分辨危险的能力，更谈不上具有自我防护意识，如许多上了幼儿园的幼儿还不知道热水瓶里的开水与平常自己喝的热水哪种烫。所以，家长除了要为孩子创造一个安全的环境外，还要经常对幼儿进行安全教育，使他们了解哪些是危险的，如何避开危险。要让幼儿做一些力所能及的家务或幼儿本身必做事情，使幼儿在劳动中懂得一些生活常识和经验，培养初步的独立生活能力和自我保护能力。家长对幼儿的危险行为和不良习惯不能姑息迁就，应严厉制止，并说明其不能玩、不能做的道理，让幼儿理解并愿意接受劝告。

有的幼儿爱拿东西去捣戳电插座，喜欢爬窗台、阳台等，对这些行为父母往往是采取消极的防范措施，如将电插座升高或将不用的插孔贴上胶布，焊个铁罩把窗子、阳台封住，要不就整天死死看住孩子。这些消极的防范措施对孩子的作用不大，孩子一旦离开家，还是缺乏对危险的防护能力。反之，如果能采取积极的方法，经常对幼儿讲述有关玩电、玩水、爬高等行为的危险性，时常提醒幼儿该怎样做不该怎样做，就能逐渐提高幼儿的自我防护意识。

（二）创设情境，给幼儿以感性认识

根据幼儿的思维具体形象的特点，老师可以创设几种简易的小实验供幼儿试一试，让其感受危险。

如用几节电池串联起来，将导线对准幼儿的手掌击一下，让幼儿感到难受，懂得电是会伤人而不能接触的，知道不能随便玩电器，更不能碰带电的物体。又如，待电风扇快停止旋转时，让叶片刮断蜻蜓的脑袋，告诉幼儿电扇转得快，能把人的手指刮断，同样的道理，自行车的轮子，摩托车轮子等正在转动的时候均不能去戳它。总之，每做一种实验，要让幼儿充分发挥想象，结合自己所见所闻进行讨论，该怎样做才不会有危险。

（三）在日常生活中，关注情况，抓住时机，对幼儿进行安全教育

例如，发现幼儿将楼梯扶手当滑梯滑，教师首先要制止，然后询问该幼儿这样做对不对，并请其他幼儿讨论这种行为会有什么后果。又如，在游戏中，教幼儿正确地使用剪刀、游戏棒等器材的方法；提醒幼儿不要把别针、硬币、纽扣、花片等小物品塞进鼻孔、耳朵或放入口中；带幼儿郊游的时候，

教育幼儿不要到井边、河边去玩水，不做戏弄牲畜、爬墙、上树等有危险的事情；在送路队时要反复提醒幼儿不应该在公路上停留、玩耍，过马路时注意躲避车辆等；吃药时，告诉幼儿不要自己随便拿药，否则如误食后会发生中毒。此外还应教育幼儿如何分辨是非善恶安危，不能随便跟陌生人走，提高自我防护意识。

不安全因素时时存在，教师要时时关注幼儿，爱护幼儿，培养幼儿自我防护意识，才能把危险行为消灭在萌芽状态之中。

（四）培养幼儿勇敢、机智、灵活的品质，提高幼儿自我防护能力

生活中有的意外事故是防不胜防的，这就需要幼儿有自我防护的能力。有一次，我对大班幼儿进行安全知识评估时，提了这样一个问题：如果你走失了，怎么办？结果没有一个说出较切合实际的办法来。所以老师和父母在平常就应教幼儿自救方面的知识，并教育幼儿遇事要勇敢。有个农村学前班的幼儿过溪时被大水冲走，幼儿随水漂走十几米后，双手紧紧抱住了溪中一块大石头，同伴们则大声呼救，最后成功获救。可以想象，如果溺水幼儿没有临危不惧的意志，没有同伴的救危意识，等待这个孩子的就是死亡。

要提高幼儿的自我防护意识，增强幼儿的自我保护能力不是一朝一夕的事，也非可想不可及的事。教师要根据幼儿的年龄特点，采取相应的方法，并与家长密切配合，利用直观形象的教育方法，持之以恒地进行教育，才能取得较好的效果。

第六节　良好审美的养成

一、幼儿审美养成的内容

（一）培养幼儿的审美情感

美育是最能深入人的灵魂、触动人的情感的教育。培养幼儿对美的事物

的兴趣和爱好是幼儿美育的重要内容。幼儿期的情绪、情感极易被感染、激发，幼儿的好奇心使他们对美的事物有积极的探索兴趣，美的事物有声、有色、有形、有魅力，非常能引起幼儿的无意注意而使他们高兴起来。因此，只要给幼儿提供美的事物，让他们能够理解美的形式所包含的美的意义，就能激发他们的情感体验，就能让他们从直觉开始，产生最初的审美情感，并能将此情感一直贯穿于他们整个的审美活动。

（二）培养幼儿的审美感知

审美感知是审美活动的开端和基础。培育幼儿的审美感知就是积极引导幼儿去亲身感受和体验现实生活和周围自然环境中的美，使其对美变得敏感起来，能在平常的事物中、生活中发现美和感受美。幼儿审美感知的发展与其一般感知觉和认知的发展相伴随，从无意识地对美的东西的注意到模仿周围成人对美的感受，直至自觉地认识美、欣赏美、表现美。幼儿的审美感知具有表面性，如他们容易接受表面的简单的形式美，喜爱鲜明、艳丽的颜色，不注重色彩的协调，喜欢听欢快、变化明显的曲调等；幼儿的审美感知还带有行动性，常常直接以动作、表情、语言等方式表现对美的感受、理解、态度。如对美的东西总喜欢摸一摸、看一看、听一听、闻一闻等。因此，应当多组织各种活动，让幼儿有机会发展感觉器官和基本的认识能力，同时充分利用自己的各种感官去感知美，发展对美的丰富感受性。

（三）培养幼儿的审美想象和创造力

幼儿在感受美的基础上，在情感的驱动下，会产生表现美的欲望和行动，幼儿表现美的核心是幼儿的想象和创造，即幼儿以自己的方式，带着自己的特点，表现自己对美的独特体验和理解，创造出新的形象、新的想法。幼儿的这种想象和创造需要积累多种经验，需要自由的学习环境，需要通过绘画、唱歌、舞蹈、语言等丰富多彩的活动发展一定的能力和技能才能实现。因此，营造一个宽松的气氛让幼儿能自由地想象、创造，提供一个开放的环境让幼儿能开阔眼界，获得丰富的刺激，创设幼儿能充分显示自己创造能力的机会和条件等，都是美育的重要内容。

二、幼儿审美养成的途径

（一）创造多维度的艺术环境，激发幼儿想象力和审美情趣

美术教育不仅存在于美术课堂中，它应该渗透在幼儿园的每个角落，富有艺术感的作品可以遍布幼儿园的大厅、走廊、楼梯。甚至装玩具的工具箱、饮水机和垃圾桶上都可以装饰各种艺术图案。美术教室更应广义地设计成创意室，绘画、手工制作、作品欣赏、色彩游戏等美育活动在其中进行。幼儿通过参与此类活动，体验到创作的乐趣。多维度的艺术环境除了意味着不受空间限制外，艺术形式也不拘泥于画作。工艺品、雕刻、民族服装，扇子、风筝等具有强烈特色的民间艺术作品更具有浓郁深刻的艺术内涵。教师可以在美术活动时播放音乐作品，让孩子在艺术氛围中进行创作。同样，文学作品也可以激发幼儿审美情趣。例如扇面上的诗词、世界童话故事绘本等也具有不同风格的艺术魅力。教师还要重视艺术作品的情感启迪力、情感交流力和情感表达力。通过分析审美要素，使孩子和作品进行情感沟通和交流，让孩子从中获得审美体验，产生情感共鸣，获得丰富的审美感知。

（二）创作素材的多层次化和弹性化，培养幼儿创造性思维

教师在充分理解幼儿个体性格差异的前提下，美术活动中的素材准备应是多层次化的，以满足不同思维模式和发展水平的幼儿需求。以游戏、手工等丰富的形式进行的美育活动，创作素材从花瓣、包装纸、饮料罐，到橡皮泥、石头等，用以完全发挥孩子不受限制的想象力。孩子在面对这些不同形态的材料时，充分发挥想象力创造出风格独特的作品。例如教师提供包括涂料、油笔、蜡笔、水彩笔、记号笔等，让孩子自主选择创作作品的绘画工具，通过这些孩子能够创作出风格迥异的美术作品。在教师的引导下，美育活动的素材还可以是富有弹性的。例如用粉笔在地面作画，地面没有画纸的面积限制，创作时更加随心所欲。冬天用脚印在雪地创作的活动，也能收获意想

不到的教育效果。孩子在随意的空间中，想象力一同放飞，丰富多彩的创作形式与幼儿建立的情感联系更加深刻，同时锻炼他们的创造性思维。

（三）以大自然为背景的亲子美育活动，引导幼儿的观察和合作能力

大自然可以提供愉悦且自由放松的氛围，其中万物的各种形象又无不吸引孩子去想象和描绘，它是最好的创作场所，并且极大地增强了幼儿审美的感受性和创造力。美育活动可以在广阔的大自然中进行，让孩子们身临其境地观察、感知、欣赏、体验和表达。家长作为孩子的第一位启蒙老师参与美术活动时，不应该态度冷淡，而是要给予相应的指导和帮助，来培养孩子运用各项美术活动表现事物的能力。在整个过程中，家长是孩子的指导者、合作者和欣赏者，避免成为他们的替代者和挑剔者。促进幼儿的审美感知经验从零散、分离向整合的综合方向聚合，激发幼儿的美感、熏陶性情，逐渐转化形成初步的审美心理结构，让他们懂得感受美、表现美和创造美。

第四章　幼儿养成教育的原则与策略

第一节　幼儿养成教育的原则

一、一般原则

（一）科学性原则

养成教育必须从幼儿生理、心理特点出发，集体和个别相结合。养成教育内容与方式应符合幼儿神经、心理与体格发育的规律，并充分注意幼儿认知直观形象和好模仿等特点，采取正确的科学的教养方法，坚持启发、诱导和正面教养。在教育组织形式上，年龄越小的幼儿，个别教养越为重要，而对年龄大的幼儿，则多些小组形式，或多些有组织的集体活动。

（二）方法的灵活性原则

幼儿养成教育要求用多种形式，通过一日生活中的每一个环节，培养良好的生活与卫生习惯，发展幼儿与成人和同伴之间良好的社会关系，发展动作、语言和认知能力。多种活动形式相互作用，动静交替，室内外活动相结合，有助于提高活动的效果。养成教育过程中，成人要互相配合，准备玩具、教具，运用好相应的设备，使幼儿在活动中轻松愉快，精神饱满。

（三）以幼儿为中心的原则

幼儿是活动的主体，是养成教育的对象。成人是幼儿学习的榜样，应以"幼儿为中心"，爱护和尊重幼儿，态度亲切，动作轻柔，方法一致。

二、具体原则

一个人要生存，首先要能自理，学会独立生活。如果从小懒散惯了，长大就可能怕苦怕累；如果从小样样依赖父母，自己既不动手又不动脑，那么长大了很难成为有用的人。

让幼儿做自己能做的事情，看上去似乎很简单，但它要求从小就养成良好的生活习惯，这需要长期不懈的示范、教练、提醒。在教养过程中，家长、教师不可怒骂、斥责，不可包办代替，不可放弃不理，要以爱心、耐心、恒心、细心、童心去教导和感悟幼儿。

（一）热爱与严格要求相结合的原则

父母都是爱孩子的。爱是一种伟大的教育力量，她可以对孩子的发育成长起很大的促进作用。

严格要求也是爱孩子的一种体现。因为孩子年幼，缺乏经验，是非不分，情感容易冲动，不能理智地控制自己，他们的行为和意识往往是脱节的。只有成人不断严格要求，才能形成良好的习惯和品质。

严格要求并不意味着对孩子严厉，如动辄就训斥打骂。对孩子的要求应该合理，父母要细心观察孩子的一举一动，随时让他们了解要求，知道自己应该做什么，不该做些什么；在什么时候应该做些什么，不该做什么，凡是提出来的要求就应坚定地做到。但是态度是耐心的，循循善诱的。"恨铁不成钢"就是所谓"高标准、严要求"，夸大"严是爱、松是害"这句话的适用范围；或者一天到晚絮絮叨叨，没完没了，苛求孩子，使孩子产生逆反心理，甚至连正确的意见也听不进去，这些做法是不可取的。

只爱不要求，对孩子百依百顺，凡事包办代替，无原则迁就，这就造成有些孩子任性、自私、不爱劳动、害怕困难、唯我独尊。这些缺憾往往是家长以感情代替理智的结果。因此，父母对幼儿必须掌握好情感分寸，不可娇宠、爱而无度。

（二）循序渐进、逐步提高的原则

人的生长发育是有一定规律的。不论是身体的发育、知识能力的增长，还是行为品德的形成，都是一个循序渐进、逐步提高的过程。就像上台阶，要一级一级地向上爬，如果要求得恰如其分又略高于原有的水平，幼儿稍加努力即可达到，这会给孩子带来极大的愉快，从而激发他的进取心。一般来说，一次只能提出一两条切实可行的要求，孩子做到并形成习惯后，再提进一步的要求。

首先从生活自理开始，让幼儿学习洗手、洗脸、刷牙、上厕所、叠被、穿衣系扣等；其次，洗小手帕、袜子，洗自己的碗筷，整理自己的图书、玩具等；再次，做些力所能及的家务劳动，如扫地、铺床、擦桌椅、倒垃圾、收拾房间等；最后，经过锻炼，能够自己动手制作，如修补图书、制作小玩具、折纸、捏泥、粘贴等。经过从简单到复杂，从易到难，逐步加深内容，提高要求，使幼儿在有系统、有计划、有目的的教育中，自然而然形成良好的生活习惯，掌握生活的基本技能和本领。

（三）坚持一致性和一贯性的原则

家庭中的成人对孩子的教育必须坚持一致性的原则。家长要对教育问题达成一致的意见。在日常生活中常见到这样的情景：妈妈坚决不让吃，爸爸说吃一点没关系，爷爷奶奶却转身把孩子拉到一边，说“在这里吃，别让妈妈看见。”其实孩子想吃零食，如果父母不同意，爷爷奶奶也不通融，这样坚持下来，孩子乱吃零食的毛病一般是不会形成的。为了使孩子健康正常地发展，成人应该经常彼此商量，统一口径，以便在教育孩子的问题上取得一致的态度。如有不同意见，也不要当着孩子的面争吵，以免对他产生不良的影响。

教育还必须坚持一贯性的原则。孩子小，家长对他的要求说了一两遍很可能就忘了，必须不断强化，反复练习，不放弃任何一件小事，不错过任何一个机会，抓住契机适时教育，才能使学到的东西得以巩固。比如，我们培养孩子自己整理玩具的习惯，不仅要求一致而且还要坚持一贯。若今天要求孩子自己整理，明天又因为父母急着上班替孩子整理，后天又批评孩子不肯自己动手……家长出尔反尔的做法，不可能养成孩子良好的自理习惯。

（四）启发诱导，发挥孩子的主观能动性原则

外因通过内因起作用，只有发挥孩子的主观能动性，才能使他主动地发展。兴趣是促使孩子积极主动进行各种活动的动力，当某种事物与孩子的需要密切关联时，他便会兴致盎然地注意它，热情而耐心地对待它。可见，要发挥孩子的主观能动性，就要培养孩子的兴趣，尽量为孩子创造条件，启发诱导他们自己去实践，去思考，去解决问题。总之，引导孩子自己探索和尝试，这样的学习方式容易为孩子所理解和掌握。

另外，发挥孩子的主观能动性，家长还应注意在一定范围之内给予孩子自由，要了解孩子在想什么、怎么想的；对有益于孩子身心发展的事情，只要条件许可就应该鼓励、支持，这样就可以诱发孩子丰富的想象与独创精神。

（五）言传身教、以身作则的原则

常言道："孩子是父母的影子。"孩子年龄越小，分析判断和自我控制能力越低，越容易受周围环境的影响。家长的一言一行都是孩子学习和模仿的榜样，言传身教，有言必教是每个家长必须注意的问题。在孩子的心目中，家长是最可信赖的人，父母说的和做的都毋庸置疑的是正确的。一个人在家里的表现，往往最能反映他的本色。听其言，观其行，父母的好行为、好品质不需过多的说教，孩子就容易领会接受。父母作风不正，品质不良，也容易传染给孩子，也就是人们所说的"近朱者赤，近墨者黑"。希望孩子有什么样的好思想、好品质、好习惯，父母首先就得要求自己在孩子面前树立好榜样。比如，家长业余时间常看书，很好学，孩子看在眼里，记在心上，无需

过多地敦促，就可能会学着成人的样子，自觉养成良好的学习习惯。再如，家长平时爱修理制作小东西，很勤劳，孩子渐渐地也会喜爱自己动手做些小东西，遇到问题也愿意自己解决。父母长期耳濡目染、潜移默化地熏陶，对孩子影响很大，所以家长必须加强自身修养，才能以良好的行为影响和教育孩子。

第二节　幼儿养成教育的策略

一、因材施教，尊重幼儿的个性差异

心理学家把人的气质分为多血质、胆汁质、抑郁质和黏液质四种类型。每种气质都有其长处和短处，都有不同的典型表现。对于胆汁质的幼儿，教师要对他们严格要求，帮助他们养成约束自己任性的习惯，并在生活上给予他们一些需要耐心的任务，锻炼他们的自制力。对于多血质的儿童，教师需要引导他们积极参与各项活动，并给予他们一些需要耐力和持久性的任务，并及时进行反馈和奖励。黏液质的儿童应当多给予放手。而对抑郁质的幼儿应当多给予他们一些与他人交往的任务，并要注意保护他们的自尊心，不要在公共场合批评、指责他们，要采用单独谈话、举例说服等方式进行启发。由于不同的学生拥有不同的个性特点、家庭背景、教养方式、社会环境，行为习惯自然也会有很大差异，教师应充分了解每个学生的发展情况，了解他们的成就动机、性格、气质等特点，尊重个性化差异，注重幼儿个别差异，因材施教，而不能一概而论。幼儿在个性品质的发展上存在着个别差异，因此德育应当有针对性进行，以保证每个幼儿的个性健康发展。例如“批评”这一常规的教育手段就要因人而异。在批评午睡时在床上动来动去的幼儿之前，首先应先了解其不睡觉的原因，有的是身体不舒服，有的是想上厕所，有的是由于平常不睡现在一下睡不着，有的是感觉冷或热等。教师只有了解这些后再有针对性地进行教育，才能达到教育的目的。“表扬”也是同样的，

不同年龄、不同家庭背景及不同个性的幼儿，表扬的方式也应当不同。有的幼儿需要的是口头表扬，有的需要的是物质奖励，而有的则是既需要口头表扬也需要物质奖励。一把钥匙开一把锁，世上没有完全相同的两片树叶。随着时代的发展，教育理论的不断完善和教育目的的不断深入，对教育者的要求也是越来越高。

二、建设优良集体，优化养育环境

幼儿园的环境是特殊的教育环境，幼儿园的环境创设要符合幼儿的年龄特征及身心健康的需要，促进每个幼儿全面和谐的发展。一个适宜的环境，不仅是一个为幼儿“量身打造”的物质环境，还应是一个能让幼儿自由活动的精神世界。首先，创设一个和谐、平等、民主的氛围。教师要公平地爱每一个幼儿，对所有的孩子一视同仁，要了解、关怀、体贴他们，特别不能歧视那些有缺点或接受能力差的幼儿。教师要和幼儿一起，共同营造一个爱的环境。爱孩子，首先必须尊重孩子，坦诚相待，这对于培养他们的自尊心，发展他们的智力和养成良好行为习惯都是十分重要的。而尊重孩子必须尊重幼儿的主体性，尊重幼儿的人格和自尊心，要正确处理好“尊重”与“规范、规则”的关系。德育过程是按照一定的社会期望与要求，对幼儿有目的的施加教育影响，促进与引导幼儿社会性发展的过程。在这一过程中，成人总是要对幼儿提出合乎社会期望的规范与要求，去规范幼儿的行为。如告诉幼儿什么是对的，什么是错的。但是，德育不是向幼儿灌输大道理、命令或强迫幼儿服从就范的教育，不能把幼儿当作被管教的对象，无论是在态度、言语、行为上，都要表现出对幼儿的尊重，决不因为幼儿小而任意训斥、讽刺、挖苦等。要牢记幼儿是自身发展的主体，离开幼儿自身的努力，任何教育都不会有效果。《纲要》中也强调幼儿园教育应充分尊重幼儿作为学习主体的经验和体验，因此要把幼儿作为一个独立的个体来看待，虚心倾听他们的讲话，认真回答他们提出的问题，并要注意态度温和。即使批评幼儿也要讲究方法，注意分寸，使他们感受到被尊重，在平等的民主氛围中自然形成良好的习惯。

三、创设活动情境，训练良好道德行为

创设活动情境，实际上是创设以真实、生动、鲜明的形象为主题的具有浓厚情感色彩的教育场景，通过将情感活动与认知活动结合起来，并且所营造的情境要与学生现有的经验、知识、情感及思维能力衔接。

1. 结合游戏培养良好生活习惯

游戏是幼儿的主导活动，幼儿在游戏中能保持愉快的情绪、情感并获得最大的满足，是幼儿最喜欢的活动之一，也是适合幼儿特点的一种独特活动。游戏具有社会性，反映了儿童周围的社会生活，反映了人们在生活中遵守的道德行为、准则、人际关系等，为幼儿提供了社会性发展的机会，游戏解决了幼儿渴望参与成人的一些活动而又受到身心发展水平限制。由于游戏是想象与现实生活的一种结合，是一种愉悦、开放、自由的体验，所以很容易被幼儿接受，幼儿也会自发地扮演一定角色。所以教师可以以游戏为基本活动，寓教育于游戏之中，注重活动过程，积极组织和正确引导，调动幼儿游戏的主动性、积极性，让幼儿在游戏中学习，在游戏中成长，促进幼儿良好生活习惯的养成。例如：通过“当娃娃的妈妈”照顾婴儿的游戏，可以让幼儿练习穿脱衣服以及整理衣物，提高幼儿生活自理能力，然后再帮助幼儿迁移到实际生活中。还可以通过竞赛游戏，如穿衣、穿鞋比赛等游戏来培养自理能力。这种方法，符合幼儿心理特点，不仅对习惯培养效果明显，而且对个性品质培养同样有着重要的作用。

2. 通过编排儿歌、故事等活动来培养幼儿的良好生活习惯

在一日生活各个环节中，结合幼儿园课程内容，而把生活习惯中的行为编排成儿歌，让幼儿熟知正确的方法、步骤，比如：洗手儿歌：“排排队，挽挽袖，轻轻拧开水龙头；先湿手，打肥皂，手心相对搓一搓，掌心正对揉一揉；手指交叉搓手背，十指交错擦擦掌，扣实小手扭一扭；拇指为轴转转手，换手攥紧小拳头；手成小铲掌心划，轮流完成六步骤，洗得细菌无处躲；捧水三洗水龙头，龙头拧紧擦干手；好习惯，每天做，身体健康乐呵呵。”吃饭

儿歌："小朋友，准备好，吃饭时间就来到，一口饭，一口菜，细细咀嚼慢慢咽。嘴里有饭不说笑，追逐打闹更不要，饭后擦擦手和嘴，收拾碗筷习惯好。"

四、从常规教育入手，注重日常生活

幼儿良好习惯的养成是一个循序渐进、日积月累的过程。幼儿园一日生活提供给幼儿各种行为反复练习和实践的机会。在一日生活中，幼儿园通过建立合理、必要的生活常规，促使幼儿从实践出发，坚持一贯性，形成独立性及自制、自律的品质。将幼儿平时的常规活动和幼儿游戏中的角色结合起来，也是培养幼儿良好品德行为习惯的重要途径。根据幼儿模仿性较强的特点，我们可以设立"值日生"和"小老师"这两个角色，凡是轮到的幼儿便分别戴上小袖章，履行他们的职责。又如针对幼儿脱下衣服总是到处乱丢，不能叠整齐并放在固定的地方这个坏习惯，我们利用游戏"看谁找得快"，请甲、乙两组的小朋友分别从两箱服装中找出自己的衣服，甲组的衣服叠放整齐，乙组的衣服乱七八糟堆放在箱子中。游戏结束后我们问输了的乙组的小朋友：为什么甲组的小朋友能很快找到衣服，而你们半天都找不到衣服呢?通过这样的游戏活动，大部分幼儿都能做到把衣服脱下后，叠整齐放在固定地方了。幼儿在不断的游戏活动中，从各自的角色要求出发，不知不觉良好的行为受到了训练，学会了自己管理自己，这样的活动既发挥了幼儿的主动性、积极性，又培养了幼儿自觉讲卫生、遵守纪律、爱集体等好习惯。

五、适当使用激励手段，促使幼儿坚持良好行为

由于幼儿自我意识发展的特点，幼儿往往是以别人的评价来评价自己，具有很强的他律性，幼儿总希望在行动之后得到表扬或肯定。表扬或奖励是矫正孩子的品性的方法之一，它能帮助孩子区别好与坏，容许和禁止，让孩子获得动力继续保持好的习惯或改正不良行为。正确地使用表扬或奖励的方法，一方面可以巩固孩子的品性，培养他们的自尊心，激发孩子的积极内在动力，另一方面可以推动他们形成积极的情感体验并形成正确的道德品质。

为了使表扬或奖励成为评定孩子品性的方法，并使之具有道德色彩，必须使它的内容具有像“有礼貌”“爱劳动”“用心”等行为的具体含义，用这些好像更强调任何一种行为所具有的道德意义。同时奖励要公正。应该在发现孩子确实有些成就（当然在孩子有可能办到的范围内）后，才使用奖励的方法。

六、通过家园合作，加强习惯养成

幼儿主要的生活环境是家庭和幼儿园，家园之间要及时沟通，交流看法，协调实施针对性的教育。幼儿教育学家霍姆林斯基曾说过：“没有家庭教育的学校教育和没有学校教育的家庭教育，都不可能完成培养人这样一个极其细微的任务。”这说明家园必须共同努力，形成合力，才能使幼儿养成良好生活习惯。

（一）利用网络等平台

现如今，网络是生活中不可缺少的一部分，因此可以通过建立微信群等方式，提供一个随时随地方便教师与家长交流班级幼儿的习惯现状的平台，让家长了解孩子在园生活习惯情况，并可以为家长在育儿过程中遇到的问题提供及时有效的支持帮助。

（二）家园共同制定计划

由于每个孩子的习惯不同，每一个家长应与教师交流每一个幼儿在家庭中存在的不良生活习惯，有针对性地制定相应的计划并实行到位，每隔一段时间进行量化评分对比，在有进步的情况下及时实施奖励进行正面强化。

（三）组织多样化的家园活动

可以通过家长会、开放日等，让家长进一步了解幼儿在园生活习惯情况，并对家长进行养成教育的理论指导等。

第五章　幼儿习惯养成的具体方法

培养幼儿好习惯，既需要成人从外部给予孩子鼓励、支持、引导以及榜样示范，还需要从内部对孩子进行激发动机、疏导情绪、磨炼意志、提升思想意识等，成人还要尊重孩子的自由、天性与主体性，把外显行为塑造与内隐心理品质培养有机结合起来，这样才有助于孩子形成健康的、稳定的行为习惯。因此，成人要根据孩子的心理特点、个性特点以及行为习惯的形成特点，摸索出一套适合自己孩子的教育方法。

第一节　良好行为习惯的养成方法

一、强化法

（一）强化的科学内涵

4 岁的俊俊在幼儿园上中班，每天晚上妈妈去接他的时候，都会问他："今天你在幼儿园做了什么有趣的事啊?" 俊俊就给妈妈汇报自己在幼儿园的各种有趣事情。每一次妈妈都会露出惊喜的表情，还给个拥抱或者在他的小脸上亲亲；有时也准备一点小小的物质奖励，例如一块饼干、一个奶片或者一个糖果。俊俊发现给妈妈说幼儿园的事情，能得到妈妈这么丰厚的精神奖励和物质奖励，所以他一直都很喜欢上幼儿园，而且口头表达能力也发展了，在班里叙述能力比较强。俊俊上幼儿园的积极态度和口语表达能力的进步都是妈妈不断正强化的结果。

“正强化”与我们日常所说的“表扬”“奖赏”“鼓励”的意义相近，是指个体在某一情境下做了某件事（即某种行为），如果获得满意的结果或肯定的答复，下次遇到相同情境时做这件事的可能性就会提高。可能有的父母会说，这方法谁不知道？谁没用过？表面上来看是这样，可是要真正地掌握它并能得心应手地应用，不是一件很容易做到的事情。

（二）强化法的操作方法

1. 选择适宜的正强化物

如果孩子表现出适宜或良好的行为，教育者要不失时机地给予奖励和肯定，这些奖励和肯定就是刺激孩子再次表现好行为的正强化物。正强化物是当孩子出现适宜行为，在保证对孩子身心健康安全的前提下，投其所好，给他的一种奖励。而每个孩子的喜好是不同的，因此成人要先了解什么样的正强化物会对孩子有激励作用，以便在适当的时候选择合适的正强化物。

下面列举出孩子常见的正强化物调查表，也许孩子还有其他合适的正强化物，家长可以自行补充。

消费性强化物：指糖果、饼干、饮料、水果、巧克力等一次性消费物品。

操弄性强化物：指布娃娃、变形金刚、玩具汽车、玩具手枪、图画、卡片、气球等孩子喜爱反复玩的物品。

拥有性强化物：指在一段时间内孩子可以拥有享受的物品，比如：小狗、小猫、电脑、钢琴、小提琴、漂亮的衣服、纪念品、文具盒等。

活动性强化物：指看电视、做手工、拍球、去公园等属于休闲性质的活动。

社会性强化物：属于精神层面的奖赏，比如：拥抱、抚摸、微笑、奖状、注视、亲子逗乐嬉戏、讲故事、口头夸奖（聪明、能干、好孩子）等，孩子越大越应该多使用社会性强化物。

总体来说，消费性强化物不如操弄性和拥有性强化物，更不如活动性强化物，但这些强化物都不如社会性强化物，孩子越大越需要精神层面的鼓励。家长从小就要培养孩子对精神鼓励的满足感和愉悦感，帮助孩子渐渐摆脱对物质奖励的依赖。

2. 避免“饱餍现象”

有的父母可能觉得，长久下去，孩子对这些强化物没有新鲜感（即产生饱餍现象）了，怎么办呢？

孩子的正强化物随着年龄的增长也不断地发生变化，成人需要进行相应调整。

在好习惯建立初期，孩子对前四种强化物的依赖性比较强，教育者要帮助他们转化为对社会性强化物的需求，渐渐地使他们逐渐摆脱对强化物的依赖，成为内在的需要。

“正强化”只是诸多行为改变技术中的一种，并不经常单独使用，要与其他方法结合使用。

3. 不要滥用表扬和奖励

现在很少有家长愿意采用“棍棒底下出孝子”的严厉教育方式，愿意对孩子采取温和、宽容、表扬、奖励等正面教育方法，这本身是一个可喜的变化，但在现实生活中，看起来简单的表扬奖励法很容易被过度操作，结果适得其反。现在很多孩子都或多或少地存在娇气、霸气、脾气大、没耐心、抗挫折能力弱等现象，这都与娇宠溺爱的教养方式有关。

小孩子对小食品和小玩具是非常喜欢的，拿孩子喜欢的小东西作为交换条件确实具有立竿见影的效果，孩子会为了得到它而控制自己的欲望和脾气，但这种效果是暂时的。因为孩子一方面很快就会对经常出现的物质失去新鲜感，另一方面他的行为动机不是内化规则的结果，而是外在物质利诱的结果。

可见，表扬和奖励对年幼的孩子具有很强的诱惑力，所以家长不能滥用，只有当他真的有了突破，能够战胜自己，这时的表扬才有价值，才能激发孩子的学习动机。如果孩子不需要经过太大的努力就能完成一项任务，家长就没有必要对孩子表现出欣喜若狂、赞不绝口的态度，这样必然会助长孩子的自满情绪，长久下去，也无法让他体会到表扬带来的激励之情。奖励的效果也是如此，它也不是任何时候都适用的法宝，没有任何奖励可以使孩子们永远心满意足。家长的奖励可能只针对这一次行为，但孩子们会自然推理：爸爸妈妈下次还会奖赏我吗？是否会奖得更多呢？如果家长忽视了一次奖励，孩子们会认为他们浪费了自己的努力，进而失去了自我管理的动力。

4. 赞美要有建设性，少用评价性

我们常见有的家长在赞美孩子的时候，用词比较夸张、空洞，这样做是不合适的。

美娟是个安安静静的小姑娘，在班里不爱吵闹，喜欢画画。这天，她画完画之后，拿去给老师看。老师很高兴，大声赞美说："美娟画得真漂亮，将来一定是个大画家。"其他小朋友特别羡慕，纷纷拿出自己的画给老师看，老师一一赞美："你也是个大画家。"这一天，全班同学都得到了大画家的赞美。

幼儿的思维特点是形象具体，对事物的认识和理解很具体，孩子画了一幅画，教育者要避免用笼统的评价："啊，画得好美，你真是一个小画家!"这种言语比较极端，会让孩子养成对高期望评价的依赖，不利于培养孩子的自主性。教育者要真正发现孩子画的美，具体描述他在主题、构图、色彩、创新等方面的长处，这种客观的赞美让孩子明白自己到底好在哪里，自己在哪一方面还要发扬长处，孩子得到的不仅是赞美和激励，还提高了认知水平，得到了具体的指导。因此，对于幼儿来说，描述事实远胜于空洞的赞美。如果老师在班上对每个小朋友的画在分析的基础上赞美，孩子得到的就不只是"甜言蜜语"，他们还将学会正确地认识自己的作品，知道在哪方面发扬光大。

5. 表扬奖励需要适度、适时、适宜

甜言蜜语挂嘴边，对孩子说了太多的"好"与"是"，以致孩子成了"顺风耳"，只愿意听赞美、逢迎和好听的话，听不进去否定和批评之言，不利于形成正确的自我意识。可见，表扬和奖励是一门看起来操作简单但又不好把握分寸的教育方法。有的家长就担心：表扬孩子太热情了吧，怕他滋生骄傲情绪；太冷淡了吧，又怕他感受不到父母的肯定。所以，表扬奖励孩子的关键在于夸奖与批评是否适度、适时、适宜。

适度的要领在于表扬是对孩子中肯的评价，不是随随便便赐给孩子的廉价物；批评是针对孩子的行为，而不是他的人格。金无足赤，人无完人。我们不要见孩子表现乖巧的时候，就欣喜若狂，把孩子表扬得十全十美，对孩子的缺点视而不见；也不要见孩子调皮恶搞的时候，就怒发冲冠，把孩子批评得“一塌糊涂”，对孩子的优点视而不见。

适时的要领在于孩子小时候与长大了对表扬与奖励的需求是有差异的。学龄前儿童的自我意识还不够独立，心智发展还很稚嫩，小小的表扬与批评就可能让他们“心潮澎湃”，他们尤其需要借助表扬建立自信，甚至需要“预支表扬”以明确自己的努力方向，所以家长的表扬有时超出了孩子的实际表现也会促进孩子的成长。随着孩子渐渐长大，这种方式就渐渐不利于他们的自我意识走向独立、现实与成熟，他们需要逐步理解与接受逆耳的忠言既是一种批评，也是一种表扬，这是家长和老师对自己的关爱、信任与期望。

适宜的要领在于家长的夸奖就是孩子的行为标准，千万不要夸错了，否则，他会把错的当成对的，想改过来就得付出很多努力。如果孩子为了自己方便而干扰别人，家长觉得他聪明；如果孩子在争斗中过度还击，家长认为他赚了；如果孩子为了玩耍而损害公物，家长照样鼓励……那么，孩子心中的是非标准就会模糊、混淆甚至颠倒，这样无论如何也夸不出好孩子。

6. 父母、祖辈和老师的表扬要相互配合

爸爸妈妈、爷爷奶奶和老师是表扬奖励孩子的主要执行人，多方相互配合，能使教育效果加倍。

爸爸妈妈是孩子最信赖的人，孩子最看重爸爸妈妈的评价，能得到父母的表扬会使孩子的成就感大大增强。现实生活中有些父母表扬孩子时会有一些不好的倾向。有的母亲对孩子要求过严，常常不愿意“轻易”表扬孩子，而有的父亲又在表扬方面简单化了，他们常常给了孩子奖品就完事，不再多说奖励的原因以及孩子确实值得欣赏之处，失去了一个加强教育的时机。

爷爷奶奶看护孩子的时候，对孩子的要求常常与父母不一致，造成教育观念和方法手段上的差异，做父母的要特别注意与爷爷奶奶沟通，对孩子有统一的要求，不能在同一件事情上，一个表扬，而另一个批评，这样会混淆孩子的是非观念，形成看人行事的不良性格。

在孩子的心里，老师是相当有威信的，孩子越小，这种威信越强，教育的影响力也越大。但是因为老师进行的是集体教育，每天面对几十个学生，不一定能及时发现孩子的点滴进步和长处，父母可以主动寻找老师配合，告诉老师自己对孩子的新发现，与老师共同关注孩子的成长。当老师发现了孩子的优点和进步的时候，如果在班会或其他公共场合表扬孩子，会极大增强孩子的自信心。因此，父母要善于利用老师这一巨大的教育资源，共同把孩子教育好。

二、惩罚法

众所周知，批评惩罚孩子有很多负面作用，再加上现代家庭对养育子女，成人一般不忍心批评惩罚孩子，所以一些家庭和学校出现了家长溺爱甚至讨好孩子，老师不敢批评、不敢管理甚至放任孩子的现象，导致孩子只愿意听好话、不接受逆耳忠言，只喜欢顺境成功、拒绝挫折失败的状况，这对孩子的行为习惯、心理素质和健全人格的形成都具有消极的影响，很多家长和教育工作者为此深感困惑。

（一）批评与惩罚的科学内涵

1. 惩罚的内涵

批评与惩罚在社会生活领域中广泛存在，批评与惩罚作为一种教育手段与日常生活中的惩罚意义不尽相同，因此，人们对批评与惩罚有很多误解。

批评惩罚并不是非打即骂的教育方法，其科学含义就是某一行为的结果导致了这个行为在将来发生的可能性大大降低的过程，例如当孩子把手伸到热水里，被烫疼了，以后他就知道不能用手摸热水了。“被烫疼了”作为行为的后果大大降低了他以后把手伸进热水的可能性，这个过程就是惩罚，它具有使人停止某种行为的作用。而一般人所理解的惩罚，不仅有希望行为停止的含义，还包括某种报复或报应的因素，被看作是做错事的人应得的，比如政府、警察和家长等主体所用的监禁、罚款、威胁、责打或训斥等惩罚手段。日常生活中的惩罚与教育心理学所使用的惩罚含义相差甚远。科学的惩罚态度是理性、坚定和冷静的，嗓门不大、语速不快、表情从容、不情绪化，不是成人发泄不满、唠叨抱怨、威胁恐吓的手段。

2. 惩罚有很多副作用

具体到儿童行为出现问题的时候，是否要用到惩罚手段？行为主义心理学的态度是，惩罚只用在最后一招，即当已经考虑和实施了其他实用而又不令儿童反感的干预策略以后，仍然不能有效地减少问题行为，惩罚才有使用的必要，因为惩罚本身具有很多副作用，使用时应多加考虑。

惩罚是施加给孩子的厌恶刺激，造成心理上的负担，孩子需要疏散心中郁结的不快才能恢复正常的心态，因此，不同个性的儿童排解压力的方式不同，有时还会出现不健康的状态。

胆小怯懦的孩子被惩罚后，常常用哭泣等自我封闭的方式排泄压力，父母对孩子的不良反应要密切关注，不可让孩子泛化为恐慌和畏惧的心理。

自尊心强烈的孩子被惩罚后，容易产生攻击性行为，将怒气发泄到其他人或物上，而且不会预见自己的行为后果，父母要注意保护儿童的安全。

聪明的孩子为了逃避惩罚，他们可能学会用撒谎来保护自己，父母要善于识别，但不要羞辱孩子。

为避免惩罚的副作用，父母要记住八个字：适可而止、既往不咎。

实际上，很多有所成就的人反思成功的宝贵经验之一就是感谢父母当年严加管教了自己，及时纠正了不良的想法和习惯。虽然孩子可能一时不理解，但是等他长大了，经历了更多，他就明白父母这样是对他好，即我们常说的“打是亲，骂是爱”。但这是成人理解问题的方式，它超越了孩子的年龄特点。因为理解这种情感表达方式需要成熟的逆向思维，需要孩子具有透过现象看本质的抽象思维水平，即抛却情感表达的方式，关注情感表达的动机，只要动机（爱）是好的，方式（打骂）出点问题，也是可以理解的。有逆向思维和抽象思维做基础，“打是亲，骂是爱”才会在孩子的心目中合情化、合理化。然而儿童心理学的研究成果却表明，孩子的具体形象思维发达，抽象逻辑思维还未成熟，在他们的思维活动中，打骂就是打骂，把打骂逆向和抽象为爱是不可思议的。已经有研究表明，长期生活在批评惩罚环境中的孩子容易形成两种性格，一种是自卑与退缩，另一种是攻击与暴力。

3. 惩罚可以分为正惩罚和负惩罚

正惩罚：行为之后跟随着一个刺激物的出现，作为结果，这个行为将来发生的可能性降低。比如，当孩子把手伸向狗（行为），狗咬疼了他的手（出现一个刺激物），孩子不会再把手伸向狗（行为再次发生的可能性降低），孩子受到了正惩罚。

负惩罚：行为之后跟随着一个刺激物的消除，作为结果，这个行为将来发生的可能性降低。比如，当孩子攻击小朋友（行为），小朋友不与他玩了（消除一个刺激物），这孩子可能不再攻击小朋友（行为再次发生的可能性降低），孩子受到了负惩罚。

相对来说，负惩罚比正惩罚激起的负面作用要小，当父母选择使用惩罚手段时，先考虑使用负惩罚。

（二）惩罚的操作方法

负惩罚是当问题行为发生时，撤走强化物，正惩罚则是当问题行为出现时，施加令孩子厌恶的刺激。孩子为了逃避厌恶刺激，则可能减少问题行为。

1. 积极练习

当孩子每次出现问题行为后，家长教育孩子必须采取正确的形式实施这一行为，直到重复一定的次数才停止。例如，当孩子识字、写字出现错误，父母可以让他重复练习正确的做法。这是父母通常的做法，对孩子改正错误具有成效。但是，父母在实施积极练习时不要不顾孩子的实际情况而乱罚一通，有的父母一张嘴就是罚 10 遍、20 遍甚至更多，这就大可不必了。

2. 过度补偿

当孩子每次出现问题行为后，父母要求孩子纠正问题行为造成的环境影响并且把环境恢复得比问题行为发生以前还要好，孩子发现因为自己的一个小错误而招来这么多的费力事，他再出现问题行为的可能性就降低了。例如，孩子在桌面或者墙面上乱画，父母命令孩子不但要把她画的那面打扫干净，还得把她没画的另一面打扫干净。

3. 随因练习

当孩子出现问题行为后，让孩子从事与该行为无关的体力活动，这叫随因练习，练习必须是孩子有能力完成而又不会造成伤害的体力活动。例如，一个孩子有骂人的坏习惯，爸爸说如果再骂人就让他把家里的窗户擦干净。有一天，爸爸发现这孩子骂人，马上就让他擦窗子，在爸爸的监督下，孩子很不情愿地擦窗户。爸爸说，再骂人就还擦窗子。后来，他骂人的现象少多了。

4. 引导服从

当孩子需要按要求和指令进行某种活动时，出现了问题行为，父母可以使用身体引导孩子服从，当孩子按要求进行活动了，就撤回身体引导。

父母要求楠楠在客人来之前把地板上的玩具收拾好，而此时她正在看电视。听到这个任务，楠楠一面哭一面与父母争辩并继续看电视。父亲走到她跟前，平静地再次要求她把玩具收拾好，然后拉着她到玩具散落的地方，手把手地引导，迫使她收拾玩具。他丝毫不理睬女儿的抱怨，但是当楠楠服从要求收拾玩具后，父亲就撤回身体引导。楠楠收拾整洁后，父亲表示感谢并让她接着看电视。后来出现类似情况，父母都用这个办法矫正，楠楠顶嘴抵抗的行为少了。

5. 身体限制

当孩子出现问题行为时，父母控制他的身体，使行为不能发生。这个方法并不新鲜，父母都用过。比如，当孩子打人或有破坏行为的时候，立即把孩子拉过来，阻止他的身体活动，但是不能打孩子。

（三）使用惩罚法的注意事项

首先选择实用而无反感的其他方法。惩罚只是抑制不良行为，并不能建立良好的新行为，它只告诉孩子不应该做什么，而没有告诉孩子应该做什么，而我们的教育目标是建立适宜行为，因此，惩罚不能帮我们完全实现教育目标。

减少使用惩罚手段出现的情境。有的父母有这种心理：孩子，你不听我的，等一会看我怎么罚你！其实，惩罚有很多副作用，与其等出现问题行为惩罚孩子，不如减少使用惩罚手段出现的情境。

实施惩罚时保持平静。惩罚是件很不愉快的事情，不但孩子焦虑、痛苦，父母也气愤、难过，很容易情绪激动。而情绪的激动和极度的愤怒可能加重惩罚的程度，对亲子双方都造成伤害，因此，父母惩罚时必须保持平静地面对事实的态度。

成人态度要一致。当一个成人实施惩罚时，其他家庭成员要保持沉默，切忌一个唱黑脸，另一个唱白脸。家长意见不合，要私下商议，不要在孩子面前争执。

惩罚与正强化结合使用。父母对孩子要“严慈相济”，严肃地对待问题行为，同时当孩子表现好的时候，父母要诚恳地表扬他，这就既告诉了孩子不能做什么，又告诉了孩子应该做什么。

不能把惩罚作为嘲笑和讥讽。有的父母常常用嘲笑、讽刺的语言挖苦孩子，伤害了孩子的健康心理，使他们产生逆反情绪，其结果不但不能使孩子减少问题行为，反而使他们走向反面。父母惩罚孩子的态度要诚恳而严肃，尽可能减少对孩子的负面影响。

三、积分法

在幼儿园放学回家的路上，子涵不说话，满脸不高兴，奶奶问他好几遍，他才说是因为今天没有得到小贴画，奶奶说：“嗨，就这点事儿呀，你喜欢什么样的小贴画，奶奶给你买。”子涵说：“奶奶给，没用；老师给，才有用。”原来老师说一个星期每天都得到小朋友的夸奖，才能被评上“团结友爱小明星”；可就是因为今天下午跟金玲吵了一架，子涵少得一张小贴画，当不成小明星了。奶奶晚上就跟老师打电话说：“子涵挺想当团结友爱小明星的，就差一张小贴画，您就给他一张吧，他说以后再也不跟小朋友吵架了。”老师说：“奖励小贴画不是目的，真正的目的是提醒小朋友交往的时候学会控制自我、团结友爱；这个活动还会搞下去，每个小朋友都有机会当小明星，孩子靠自己每天的积累获得的奖励才是有意义的。下周一我会跟小朋友讲清楚正确认识小贴画，希望家长也从正面给孩子讲道理。”

（一）积分法的科学内涵

子涵的老师采用的是积分法来管理孩子的情绪与行为，奶奶显然对积分法不是太了解才出现上述沟通与交流。众所周知，每当孩子出现适宜行为，成人若能及时给予肯定或奖励，孩子发生这种行为的概率就会大大提高。但是，如果孩子的每一个好行为都得到奖励的话，家长会应接不暇，孩子也会对物质奖励感到厌倦，采用积分法有助于解决这个难题。

积分法就是把孩子的好行为或家长期望改正的不良行为一次一记录，积累到一定次数就可以换取某种奖励的教育管理方法。家长对这种方法并不陌生，其效果与商场购物积分卡或者会员卡相似，商家利用积分法可以留住顾客、刺激消费，家长利用积分法则是帮助孩子积累好行为、获得大快乐。

（二）积分法的特殊效果

积分法是介于物质奖励与精神奖励、具体奖励与抽象奖励之间的一种方法，比较适合学龄前和小学低年级孩子。一次一个积分记录对孩子来说，并没有直接兑现奖赏，积分法的累积效应锻炼了孩子的自我监督意识，积分法成功之后增强孩子对自我控制能力的自信心和成就感。

（三）积分法的操作要领

1. 明确一个目标行为

有时我们希望改变孩子的很多行为，让他在各个方面表现出色，然而在使用积分法的时候，要把目标先定为一个好行为或家长期望改正的不良行为，然后让这个行为产生拉动作用。例如，孩子在人际交往方面同时存在三个问题：爱生气、好动手、霸占玩具，那么目标行为先定为其中的一个，对其他两个行为暂时忽略，当孩子克服一个毛病之后，再用积分法专门针对另一个行为。

2. 目标行为具体明确，可操作性强

例如爱生气就是一个模糊的词语，什么叫爱生气，对于不同的孩子来说具体表现是不一样的，否则家长说孩子生气了，孩子说没生气，导致目标行为无法明确，积分记录无法操作。因此，家长要把孩子生气的具体行为表现描述出来：摔东西、不说话、不吃饭，如果出现以上行为就是生气了，就出现一次积分记录，孩子也明确了自己要管理的就是这些可见的行为方式。

3. 建立适宜的累积行为基数

累积几次行为就可以得到奖励，这需要家长与孩子一起商量，基数不宜过小也不宜过大，过小的基数对孩子自我控制能力起不到锻炼作用，过大的基数会让孩子感觉太难，没有信心。家长可以根据孩子的情况确定并灵活调整适宜的基数。

4. 确定适宜的积分奖励

孩子用积分所换取的奖励，要在保障安全、健康的前提下，根据孩子的喜好来选择。精神奖励优于物质奖励，尤其是游戏、运动类的奖励对孩子更有益，例如去游乐场、逛公园、爬山、旅游、看朋友等。待孩子表现自然、正常以后可以逐步撤销奖励，使之成为孩子内在的自觉行为。

5. 确定适宜的积分记录方法

基数确定之后，就要选择合适的积分记录方法。积分记录要用起来方便、及时，一般可以用计数、计点、小贴画、小印章、小红花等方式来记录，最好做成简易图表，帮助孩子自我观察、自我监督，家长可省去许多说教，让孩子学习自主管教，是科学有效的教育管理方法。

6. 积分过程严格，不要“心慈手软”

由于孩子的适宜行为要积累到一定次数才能获得奖励，孩子的动机和坚持性可以得到锻炼。如果孩子的目标行为没有达标，家长不能心慈手软，要严格按照当初的约定记录，迁就孩子、半途而废不但无益，而且有害，会破坏约定和规则在孩子心目中的严肃性，降低孩子的自我管理能力。

四、消退法

蔡女士对女儿豆豆不好好吃饭的坏习惯感到头疼。每次吃饭的时候，她总是找借口，说自己不饿，或者挑食，父母好说歹说也只能劝进去一点饭菜。可是在幼儿园里，老师说豆豆吃饭不挑食不拖拉，也不需要老师喂。这样一对比，豆豆的行为是想得到大人的关注导致的。

蔡女士明白了孩子的心理之后，改变了教育态度。这一天吃午饭的时候，蔡女士说："豆豆，你必须吃饱了，半个小时后妈妈就收拾饭桌，你就不能吃了。"豆豆把妈妈的话当作耳旁风，蔡女士则言必出行必果，到时间就把豆豆还没有吃完的饭收走了，与以前不同的是，妈妈不催促不批评也不劝说，晚上还没到开饭时间，豆豆饿了，妈妈说："不到时间不能吃饭。"豆豆噘着小嘴，妈妈也不理睬。以后的几天，妈妈还是这样冷静地对待豆豆吃饭，豆豆感觉到以这种办法磨人已经不起效果，她吃饭也像在幼儿园一样乖巧了。

孩子很会见机行事。在幼儿园，老师要照顾的孩子很多，吃得不好会被其他小朋友笑话，谁吃得好就能吸引老师的注意，进而得到表扬，在家里却没有这种环境。要想得到妈妈的关注，最好的办法不是顺顺当当地吃饭，而是磨磨蹭蹭地吃饭。父母不懂得孩子在耍小聪明，孩子吃饭的时候越闹越担心他吃不饱，越担心就越发关注孩子，岂不知这正中了孩子的"小心思"。

（一）消退法的特殊效果

如果孩子的某种行为连发多次都没有得到满意的后果，那么这种行为发生的强度就会逐渐减弱，甚至消失，这个过程就是"消退"，使用这个原理来教育孩子的方法就是消退法。其中撤销关注就是根据孩子的心理特点，再利用消退原理对孩子实施的教育策略。

消退法对孩子的不良行为具有抑制作用，可以用一则俗语来形容，人们常说种瓜得瓜，种豆得豆，如果种了瓜得不到瓜，种了豆得不到豆，下次此人就不会再种瓜、种豆了。对于孩子来说也是如此，如果他们发现蛮横无理根本就不管用了，得不到家人的关注，他就不会用这种畸形的方式来博得父母的关心了。孩子“人来疯”等行为都是这种心理的表现。

儿童为什么会有行为偏差？有时由于儿童缺乏生活经验，有时由于儿童认识水平有限，有时纯属意外、偶发……心理学家还发现，以上都是表面现象，从孩子的内心世界来看，他们是想试探父母的容忍度，吸引他们的注意力，满足他们渴求安慰和关爱的心理需要。这个时候父母发脾气，正好迎合了他们的心意，如果父母撤销关注，孩子没辙了，就自然对干坏事不感兴趣了。

（二）消退法的操作要领

1. 要多次使用方可见效

不能指望每次“撤销关注”都会有效地制止孩子的不良行为，孩子在变好之前可能变得更坏，还有可能出现反复。因为“撤销关注”一方面会激起孩子的抵触情绪，另一方面他可能尝试多次发现仍不能“制服”大人，所以，成人要有这个思想准备。

2. 家庭成员要措施一致

如果爷爷奶奶与父母想法不一致，孩子在这边受到冷落，在那边得到袒护，教育效果就会极为糟糕。因此，在实施“撤销关注”之前，家人要形成“统一战线”。

3. 与强化法配合使用

对孩子的不良行为“撤销关注”，当孩子出现适宜行为时要及时地补充关爱和赞赏，这是在教育孩子明白是非：自己的哪些行为是爸爸妈妈不赞成不喜欢的，哪些行为是爸爸妈妈赞成喜欢的。

4. 不能间歇使用

使用消退法要始终如一，如果间歇使用实际上就变成了前面介绍过的“间歇强化”中的“变时强化”或者“变数强化”，这样不但不能矫正孩子的不良行为，反而会加剧他们胡搅蛮缠、无理取闹。这也是教育不能“忽冷忽热”的道理。

请注意，消退法并不是鼓励父母对孩子漠不关心，而是当孩子为吸引别人的“眼球”故意调皮捣蛋时采用的教育策略，这与时时关注幼儿、爱护幼儿的宗旨并不矛盾。

第二节 良好品德修养的养成方法

一、聆听沟通法

聆听沟通法是指在家庭日常生活中，父母通过与孩子的平等互动，认真倾听儿童的心声，在此基础上有针对性地与孩子进行交流，寓品德教育内容与目标于日常生活中，从而让孩子明理的一种教育方法。这种方法是以让孩子明白道德行为背后的原因为目的，让孩子知其然的同时知其所以然，从而真正地形成良好的道德品质，达到知行合一。

其一，日常分享。即在家庭日常生活中，父母引导孩子和自己分享其一天所发生的记忆深刻的事情，从中把握孩子在实际中的道德表现，从而进行有针对性的教育。日常分享的前提是父母要把孩子当成独立的个体来看待，积极主动地和孩子分享自己在一天中所发生的事情，这样才能引导孩子向父母学习，积极分享自己的经历。在聆听与交流中，父母既把握了孩子的道德认知水平，又能及时肯定孩子的正确表现，找出儿童的不足，从而进行比较有针对性的说理教育。

其二，因势探讨。即亲子间进行交流时针对存在较大争议的问题时，父母应顺势而为，与孩子之间进行相关主题的探讨，从而提高孩子对于这一问题的深刻认识。在因势探讨的过程中，父母可以很清楚地了解孩子对于某一道德规范的理解程度及孩子当前理解问题的方式，从而根据孩子理解方式，稍微加大品德教育内容的深度，提高孩子的道德认知水平。在此过程中，父母一定要给孩子充分表达自己观点及反驳父母观点的机会，在相互探讨中，帮助孩子澄清其价值观念。父母切忌听到孩子的不同意见立马压制，粗暴训斥。

其三，答疑解惑。即当孩子对于一定道德要求存有困惑，向父母询问时，父母一定要从孩子的理解能力出发，形象、全面地向孩子说明。学前儿童的好奇心很强，他们会对于自己不了解的事情提出各种各样的问题。道德作为抽象的规范体系，单纯地介绍很难为他们所理解，这就要求父母对此作出合乎其理解能力的说明。父母切忌以自己的理解能力为准对孩子进行道德规范的介绍。

关于这几种方式，父母在实际的教育过程中根据需要既可以分开使用，也可以综合运用。但是，在运用时，父母还要注意以下几方面的内容：第一，用心聆听。聆听是沟通的前提，唯有用心聆听，才能真正发现孩子的所思所想，了解孩子的困惑，把握孩子现有的道德水平，把孩子不好的思想扼杀在萌芽状态。第二，民主交流。父母要为亲子交流创造民主、和谐的氛围，让孩子无拘无束、畅所欲言，真实地表达自己的观点，袒露自己的心声。第三，趣味沟通。幼儿的认知能力有限、注意力集中的时间有限且对于枯燥乏味的知识注意力更加有限，因而父母在与孩子沟通时，为使孩子理解自己所讲的内容要适当地增强理论的趣味性。寓理论于故事之中，声情并茂地对孩子进行教育。

二、榜样示范法

榜样示范法是指在教育过程中，通过塑造榜样以引导、激励儿童学习先进人物的言行举止，从而提高其思想道德认知，自觉规范自身行为的方法。这种方法将抽象、无趣的道德规范人格化和形象化，增强了道德规范的感染力和说服力，同时也使得家庭品德教育更加具体生动，富有吸引力。正如班杜拉所言：“大多数人类行为是通过对榜样的观察而获得的”。因而，在家庭品德教育过程中，父母一定不能忽视榜样的作用。在运用榜样示范法时，父母一定要注意把握榜样选择原则，从而切实发挥榜样的作用。

榜样的选择可以依据以下原则：第一，榜样具有真实性。榜样的力量是伟大的，但伟大要来源于真实，而不能是父母为教育孩子而有意塑造、随意夸大的。只有实事求是地表达榜样的事例，才能让幼儿相信榜样行为是可以学习的，榜样的道德品质是自己可以做到的。第二，榜样具有突出性。榜样可以来源于现实生活之中，可以来源于经典故事、历史名人等，但无论父母从何处为幼儿确定榜样，榜样自身可以学习的优秀道德品质一定要突出。例如，父母想让儿童养成诚实的道德品质，那么所确定的榜样一定要是诚实品质特别突出，清晰易辨的。幼儿的自身能力有限，太过于完美的榜样对于他们来说可能无法分辨他们能够学习榜样的哪些道德品质以及如何学习。第三，榜样具有吸引力。幼儿的注意力容易分散，有意注意时间较短，注意力极易转移。但注意是整个认知过程得以顺利进行的不可或缺的重要因素，只有注意到榜样，才能够关注榜样、了解榜样、学习榜样。因而，父母在实际的教育过程中，不仅要考虑榜样的教育作用，还要在众多具有教育意义的榜样中抉择出哪些具有吸引力。

父母在运用榜样示范法时，要注意以下几个要求：第一，慎重选择榜样。榜样的选择要遵循上述几个原则，同时还要注重榜样的时代感。时代在变化，相应的社会道德要求也会有所改变。父母应结合当前幼儿所处的时代选择榜样，切忌不加分辨地运用自己所受教育的老故事、老榜样来教育现在的孩子。第二，注重榜样的可亲近性。父母不仅要为孩子选择榜样，更为重要的是要带孩子亲近榜样。榜样要具有权威性，但权威性不等于高高在上、不可接近。和蔼可亲的榜样才容易为幼儿所接受。因而，父母可以带着孩子走近榜样。若榜样是周围的人，那么让孩子认识他们；若榜样是历史名人，那么让孩子通过名人传记，“走进”他们的生活，在平凡趣事中体会其伟大；若榜样是从艺术作品中挖掘的，那么父母要注重艺术作品的童趣性。总之，无论榜样来源于何处，父母要让孩子“亲近”榜样，可感、可爱才更具有感染力。第三，引导孩子践行榜样的优秀道德品质。榜样的树立是为了让其学习，并且在实际生活中切实践行。通过对于榜样的了解，孩子可能为榜样所感动，很钦佩榜样。但是，这并非教育目的，而仅仅是教育方法初见成效的表现。运用榜样示范法的最终目的是要孩子学习榜样品质并最终体现在自身的行为之中。故而父母应在孩子为榜样所感的同时，引导孩子随榜样所行，在行动中学习榜样。

三、环境濡染法

品德教育环境主要是指围绕在儿童身边的、能对儿童品德发展产生影响的一切外部因素的总和。环境濡染法主要是指父母有意识地为儿童创造一个良好的周边环境，使孩子在潜移默化中接受环境的感染，从而培养其良好道德品质的一种方法。

社会环境对于人的发展具有重要作用。因而，对于学前儿童进行家庭品德教育时要关注环境的塑造作用，发挥环境的育人功能。首先，学前儿童处于探索世界、发现世界的关键时期，展现在其面前的周围环境是什么样的，学前儿童就会认为整个世界都是如此，这种以自我为中心的特征虽然更利于儿童产生移情，做出道德行为，但是也容易让儿童产生错觉，认为自己所看到的、所体验到的就是世界的全部。如果此时没能为幼儿创设良好的环境，孩子很容易受到一些不良环境的影响，形成错误的世界观、人生观、价值观。其次，家庭是人生活时间最长也是接触最早的环境，更是学前儿童最主要的生活场所，因而家庭环境的影响更为深刻。英国教育家洛克主张人的心灵犹如一张白板，其上原无任何印记，后来通过后天努力获得知识。家庭环境则是孩子成长的最初环境，它在孩子心灵上留下深深的烙印，久久不能消散。因而父母在对幼儿进行家庭教育时，一定要重视运用环境的教育作用，使环境成为家庭教育的助推器。

运用环境濡染法的关键是环境能否发挥正向作用，因而在运用此方法时要注重环境的创设和优化，使得环境能够发挥教育作用。为此，父母在运用此方法时可以依据以下几方面来优化和创设环境。首先，物质环境和心理环境并重。物质环境主要包括家庭物质环境、自然地理环境和社会物质环境三类。心理环境主要是指儿童周围的人际关系所形成的会对人的心理产生影响的氛围。物质环境和心理环境对于儿童来说都是至关重要的，二者都会对儿童成长产生深刻影响，因而在运用此方法时，父母要两者并重、两者并用进行教育。发挥物质环境的教育作用，要求父母应树立大德育观，带领孩子进入广大的自然风光和人文景观之中，接受自然和社会的洗礼。发挥心理环境的教育作用，要求父母应注重提高自身的人际交往能力，营造良好的人际交往氛围，创建和谐家庭氛围、良好社区氛围，家庭成员间、社区邻里间相亲相爱、互帮互助。其次，教育性与趣味性并重。运用环境濡染法的目的是完成家庭品德教育的目的，让儿童接受家庭品德教育内容，提高自身的道德品质。因而，环境的创设和优化必然要以此为依据，有选择、有目的地进行。如：装饰家庭时，可以在家庭四周有意布置几个小书架，摆放各种儿童图书；带孩子外出游玩时，介绍各地的风土人情，让孩子体会祖国的大好河山；带孩子参观博物馆、英雄纪念馆等。教育性寓于环境之中，但其教育性能否切实发挥则离不开其趣味性。趣味充足的环境才能更好地吸引儿童，更好地发挥其教育作用。再次，多变性与一致性。多变性主要是指家庭内部的布置、外出游玩的景点、儿童接触的人和事可以适时改变，以避免儿童审美疲劳、无动于衷，同时也可以增强环境的吸引力、开阔儿童的眼界、提高孩子适应环境和人际交往能力。一致性主要是指儿童周围环境的教育方向的一致性。无论儿童接触的环境如何发生变化，父母都应注意儿童所接触的各种环境同向、正向发挥品德教育作用，形成教育合力，从而促进儿童全面发展。

第三节　良好心理素质的养成方法

一、把孩子当作成长中的个体

孩子在成长过程中家长需要将幼儿当成一个成长中的生命，尊重孩子，将孩子看成一个发展中的拥有平等人格的独立个体，从内心去欣赏幼儿，去理解其行为。有这样一个例子：某老师有个 3 岁的女儿，一天这个女孩的妈妈正在伏案备课，旁边无所事事的小女儿走到妈妈跟前对妈妈说：“妈妈你陪我玩吧?”，妈妈随口回答道：“宝宝有宝宝的事情，妈妈有妈妈的事情，妈妈现在正在做妈妈的事情，宝宝不应该来打扰妈妈。”妈妈没有在意，孩子若有所思地走开了。过了几天妈妈要带孩子下楼去买菜，孩子正在自己的房间玩玩具，妈妈喊了好几遍，孩子也没有回应。妈妈走到孩子的房门口，问怎么不理妈妈，小女孩回答道：“妈妈有妈妈的事情，宝宝有宝宝的事情，宝宝现在正在做宝宝自己的事情，妈妈不应该来打扰。”说完宝宝继续玩起她的玩具。这个例子告诉我们，孩子是一个有自己独立意识的成长中的生命，家长应该把孩子看成一个发展中的个体。

在现实的教育中，教育者和监护人不应该骄纵溺爱孩子，要尽量避免替孩子做事，不应该剥夺孩子自主选择和行动的权力。在日常生活中应锻炼孩子独立做事的能力，培养孩子的自信。对孩子过分保护会使孩子缺乏实践经验，缺乏成功完成一些事的经历，长此以往可能会让孩子逐渐失去自信，孩子会产生依赖的心理，并认为自己没有能力做到什么。让孩子尽可能地独立做各种事，这样看来似乎很难甚至有些残酷，但在孩子成长过程中困难挫折是不可避免的，对孩子来说有时候不应该逃避各种困难，而应该学会去面对，尝试去克服，在实践活动中获得心智的成长，在孩子长大之后面对纷繁复杂的生存环境，才更有可能拥有平和冷静的心态和良好的适应能力。

二、营造良好的心理氛围

个体的心理发展在任何阶段都与环境因素的作用有着密切的联系。《幼儿园工作规程》明确指出，必须“创设与教育相适应的良好环境，为幼儿提供活动和表现能力的机会和条件”。良好的环境包括了物质环境与心理环境两种。物质环境在要求上应该具有安全、舒适、卫生、实用等特点；环境布置应做到绿化、美化、净化、儿童化和教育化。幼儿园作为群体式的保育和教育机构，其心理环境包括了幼儿生活、学习和游戏的全部空间，特别是幼儿的学习、活动及生活的氛围。心理环境作为一种隐性的教育因素对幼儿影响很大，最直接的是幼儿老师创设的心理氛围，教师要建立和谐、积极的师生关系、同伴关系，给孩子营造一个幸福的、轻松的、和谐的心理气氛，让孩子在这种环境中没有心理压力，能够健康快乐地成长。

三、在与集体互动中成长

群体是个体社会生活的基础，建立良好的幼儿同伴群体是营造幼儿心理环境的重要内容，它能促进幼儿个体心理的发展。幼儿作为特定的社会成员，从群体意义上要归属于幼儿园里的班级集体。为此，教师不仅要掌握幼儿的身心发展的规律，还要研究幼儿的群体问题，努力使群体对其中的每个成员的心理和行为产生积极的影响。所以在幼儿教师初建班集体时，应坚持正面教育和集体教育的原则，使幼儿个体的才能在集体中得到充分表现，逐渐使幼儿产生自信和自主感。教师应注意引导、鼓励和帮助幼儿参加各种活动，并随时肯定、表扬他们的积极性和良好表现，这将会激励他们的主动精神；如果对儿童的活动及活动结果要求过严、指责过多、评价不公正，甚至采取讽刺、挖苦的口吻或不合理的惩罚，必然会挫伤幼儿的心灵，使他们自卑、失去信心，对自己应付周围环境的能力发生怀疑，对自己的行动或自身产生羞怯感，进而影响幼儿的身心健康发展。

第六章　幼儿养成教育的课堂实践

第一节　小班养成教育的课堂活动设计

一、大公鸡和漏嘴巴

活动目标：①知道吃饭时尽量不掉饭粒，专心吃饭。②逐渐养成良好的进餐习惯。

活动准备：照片、故事书《大公鸡和漏嘴巴》。

活动重点：引导幼儿知道要专心吃饭。

活动难点：幼儿能够做到进餐时尽量不掉饭粒。

活动过程：

1. 活动导入：律动手指游戏《炒鸡蛋》

2. 照片展示和观察

向幼儿展示小朋友在进餐过程中掉饭粒现象的照片。

请幼儿仔细观察，然后说一说饭粒掉到哪里了（桌子上、衣服上、脸上等）。

3. 讲述故事《大公鸡和漏嘴巴》

小朋友们，有一只大公鸡特别喜欢这些掉饭粒的小朋友，今天它找到了一位漏嘴巴的小朋友，猜猜他是谁？我们来听一听这个故事吧。

教师讲述《大公鸡和漏嘴巴》的故事，幼儿认真倾听。

教师提问：大公鸡为什么说小弟弟是漏嘴巴？小弟弟的嘴巴漏了吗？为什么会掉饭粒呢？小弟弟应该怎样吃饭，才不会掉饭粒？

4. 故事回顾

教师根据幼儿回答问题的情况，带领幼儿回顾故事中的重点内容。回顾照片，引导幼儿说一说小朋友掉饭粒的原因。

5. 照片展示

向幼儿展示班级中的幼儿良好进餐的照片，为幼儿树立榜样，引导幼儿向他们学习。

6. 教师总结，活动结束

7. 活动延伸

教师观察午饭时幼儿的进餐情况，适时提醒并鼓励幼儿正确进餐。

二、蔬菜可真香

活动目标：①喜欢吃幼儿园的饭菜。②知道蔬菜有营养，多吃蔬菜对身体好，不挑食。

活动准备：胡萝卜、西红柿、彩椒、白菜等各种蔬菜若干。

活动重点：引导幼儿喜欢吃幼儿园的饭菜，不挑食。

活动难点：知道饭菜有营养，愿意多吃蔬菜。

活动过程：

1. 蔬菜谜语

蔬菜谜语①：有位小朋友，总爱藏地下，露出绿头发，对我笑哈哈。

（谜底：胡萝卜）

蔬菜谜语②：红又红，圆又圆，酸甜可口又好看；生着吃，熟着吃，营养丰富我爱吃。

（谜底：西红柿）

2. 认识蔬菜宝宝

教师：小朋友们，这是我们蔬菜小屋里的蔬菜宝宝，你们知道它们叫什么名字吗？

3. 请幼儿摸一摸，感知蔬菜

教师提问：它是什么颜色的呀？说一说它长什么样子。

幼儿自由回答。

教师总结：蔬菜宝宝们都很有营养，小朋友们要多吃蔬菜，这样才能身体强壮，长得快。

4. 介绍多吃蔬菜对身体的好处

蔬菜宝宝的本领可大了！胡萝卜宝宝是眼睛专家，吃了它，眼睛就会越来越亮；西红柿宝宝营养丰富，能帮助小朋友们健康成长。

5. 出示几道菜

出示食堂阿姨做的几道菜，请幼儿观察讲述，说一说这几道菜是用哪些蔬菜做成的，味道怎么样。

6. 教师总结，活动结束

每位蔬菜宝宝都有很大的本领，都能帮小朋友们健康成长，小朋友们要多吃蔬菜，做一个健康的好宝宝。

7. 活动反思

幼儿对蔬菜非常感兴趣，让每位幼儿触摸、感知蔬菜，引导幼儿知道蔬菜的营养成分，懂得多吃蔬菜对身体好。

在活动结束后，关注幼儿的进餐情况，发现挑食偏食的现象减少了，效果较好。

三、进餐好习惯

活动目标：①愿意参与游戏，积极进行比较。②能发现问题，初步形成良好的进餐习惯。

活动准备：①经验准备：幼儿初步了解一些简单的进餐习惯。②物质准备：课件，笑脸、哭脸的圆形牌子，进餐习惯图片，笑脸、哭脸卡片若干，胶棒，布娃娃。

活动重点：交流、总结良好进餐习惯的内容。

活动难点：通过比较的形式，发现问题，加深对良好进餐习惯的理解。

活动过程：

1. 教师出示布娃娃，通过情景讲述吸引幼儿参与游戏

通过情景讲述，引出活动内容，鼓励幼儿扮演“小小监督员”。

向幼儿介绍“小小监督员”的任务。

2. 交流、讨论良好进餐习惯的内容

教师演示课件，出示两张进餐习惯的图片，引导幼儿利用手中的牌子，进行选择比较。

鼓励幼儿积极讨论、交流举不同牌子的原因，勇于表达自己的想法。

幼儿人手一组相同的图片，鼓励幼儿根据自己的观察和理解，将笑脸或哭脸的卡片贴在相应的位置上。

鼓励幼儿将自己的选择结果和同伴、老师交流，共同总结出良好进餐习惯的内容。

3. 巩固和总结

教师再次出示布娃娃，感谢“小小监督员”的帮助。

再次和幼儿一起梳理良好进餐习惯的内容。

鼓励幼儿在日常进餐时，做到文明进餐，养成良好的进餐习惯。

四、我会洗手

活动目标：①幼儿通过理解故事、学习儿歌，了解洗手的必要性及洗手的正确方法。②教育幼儿养成良好的生活卫生习惯。

活动准备：①经验准备：有过在幼儿园洗手的经历。②物质准备：故事《小花猫生病了》、儿歌《洗手歌》、洗手的顺序图片、小花猫头饰。

活动重点：引导幼儿了解洗手的必要性和洗手的正确方法。

活动难点：让幼儿掌握洗手的正确方法。

活动过程：

1. 组织幼儿保持安静，并以谈话吸引幼儿的兴趣

教师：小朋友们常锻炼身体，所以大家都很强壮。有只小花猫也锻炼身体，可他还是生病了，这是为什么呢？我们来听听故事《小花猫生病了》。

教师生动地讲述故事《小花猫生病了》，通过问题帮助幼儿理解故事内容。

2. 教师出示洗手的顺序图，帮助幼儿学习洗手

洗手顺序：挽袖子—拧开水龙头—将手打湿—抹肥皂—两手对搓—冲洗—关水龙头—用毛巾擦干。

幼儿按洗手顺序进行练习。

幼儿观察图片，再次巩固对洗手顺序的掌握。

3. 学习儿歌《洗手歌》

教师朗诵儿歌并按儿歌内容进行示范表演。

幼儿跟教师学念儿歌。

4. 练习洗手

幼儿跟教师边念儿歌边洗手。

教师总结：教育幼儿要认真洗手，饭前便后要洗手，养成良好的洗手习惯。

5. 表扬讲究卫生的好孩子

附：

洗手歌

卷起小袖子，冲湿小脏手。

拿起小香皂，搓出小泡泡。

放下小香皂，冲走小泡泡。

谢谢小水滴滴答，快去把手擦。

五、擦擦小嘴巴

活动目标：①知道饭后要擦嘴。②学会正确使用擦嘴巾的方法，逐步形成饭后擦嘴的习惯。

活动准备：动画视频、擦嘴的小孩图画和没擦嘴的小孩图画、擦嘴巾（幼儿人手一条）、擦嘴相关分解步骤图片。

活动重点、难点：知道饭后要擦嘴，了解正确擦嘴的方法。

活动过程：

1. 用图画引入活动

出示一张擦嘴的小孩图画和一张没擦嘴的小孩图画吸引幼儿，引入活动。

教师：今天，老师给小朋友们带来了两幅图画，大家一起来看看吧。

引导幼儿发现图中两位小朋友的不同。

请幼儿说一说自己喜欢图画中的哪位小朋友，为什么。

2. 引导幼儿了解正确擦嘴的方法

请幼儿根据自己已有的经验说一说什么时候要擦嘴，怎样擦。

请幼儿观看擦嘴视频，出示擦嘴相关分解步骤的图片，帮助幼儿熟悉正确擦嘴的方法。

3. 幼儿每人一条擦嘴巾，在教师带领下学会用正确的方法擦嘴

4. 教师总结，帮幼儿熟悉饭后擦嘴的方法

饭后、喝奶后都要擦嘴；要用正确的方法擦嘴；擦嘴时可以借助小镜子来帮忙，看看嘴上擦干净没有；擦完后，要把用过的擦嘴巾放到小盆里。

六、刷牙我知道

活动目标：①喜欢和老师一起参加活动。②初步掌握刷牙的正确方法，知道保护牙齿的重要性。

活动准备：牙齿模型，牙刷，牙杯，鲨鱼、狮子、鳄鱼图片、《保护牙齿不蛀牙》视频。

活动重点、难点：让幼儿掌握刷牙的正确方法，保护牙齿不蛀牙。

活动过程：

1. 依次出示鲨鱼、狮子、鳄鱼的图片，激发幼儿参与活动的兴趣

教师提问：小朋友们，你们认识这些动物吗？你们觉得这些动物什么地方最厉害？（引导幼儿说出牙齿）

教师出示牙齿模型。

请保健医生介绍牙齿的重要性。

教师提问：那我们应该怎么保护牙齿呢？

教师总结：刷牙是保护牙齿的最好方法，小朋友们在睡觉前、吃完饭后都要刷牙，同时还要少吃甜食，吃完甜食或者喝完牛奶以后要及时漱口，这样才会保护牙齿，没有蛀牙。

2. 学习正确的刷牙方法

教师：刷牙是保护牙齿的好方法，小朋友们，你们想不想知道怎么刷牙啊？

教师用模型演示刷牙的方法。（引导幼儿用正确的方法刷牙）

播放《保护牙齿不蛀牙》视频。教师：我们再看看巧虎是怎么刷牙的吧。

教师总结：小朋友们在刷牙的时候不能太用力，否则牙齿会不舒服，甚至还会出血，那样就不能保护牙齿了。刷牙的时候要轻轻地刷，牙膏沫不能吞到肚子里，否则肚子会疼，一定要用清水把嘴里的牙膏沫漱干净，这样才能保护牙齿哦！

3. 结束部分

请幼儿按照《保护牙齿不蛀牙》视频学习与巩固刷牙的方法。

活动延伸：在盥洗室张贴幼儿刷牙的正确图示，帮助幼儿用正确的方法刷牙，养成爱护牙齿的习惯。

七、小猪变干净了

活动目标：①幼儿知道勤洗澡、勤换衣是使自己变干净、漂亮的好办法。

②幼儿通过故事的感染，学说其中的象声词。体会洗澡的快乐，愿意勤换衣，成为一个爱干净的人。

活动准备：故事《小猪变干净了》。

活动过程：

1. 教师讲故事：《小猪变干净了》

教师：今天，我们来讲个故事《小猪变干净了》，大家听听小猪是怎么变干净的（教师讲故事，幼儿认真倾听后，说一说：你喜欢前面的小猪还是后面的小猪？为什么?）。

2. 幼儿学说故事中的象声词。

教师：小猪是怎么洗澡的呢？我们一起来学一学（教师与幼儿共同边做动作边说：洗洗洗，擦擦擦；洗洗洗，擦擦擦）。

教师：老师来说，你们来做小猪洗澡的样子（教师与幼儿共同合作两次）。

幼儿：请老师学做小猪洗澡的样子（幼儿说象声词，教师模仿幼儿的动作，做小猪洗澡的动作）。

3. 迁移故事中的情感，让幼儿乐意做个爱干净的小朋友

4. 教师与幼儿玩“闻一闻”的游戏

教师：我要来闻一闻，看看你们是不是真的很干净，是不是都变成了干净的小朋友。教师走到每一位幼儿的身边，用鼻子闻一闻。

教师：大家都很干净，有香香的味道，但是有的小朋友衣服没有换，还不够干净，希望你们都变成最干净的小朋友。

附：

小猪变干净了

猪妈妈有一个小猪宝宝，他最喜欢在泥土里玩，经常在泥土中滚来滚去，弄得满身都是泥。猪妈妈喊他回家洗澡，他说：“不好，不好。”猪妈妈喊他换衣服，他说：“不好，不好。”

有一天，小猪去找朋友们玩，可是朋友们都说：“你太脏了，我们不想跟

你玩。”小猪非常伤心。他回到了家，大声对妈妈说：“妈妈，我要洗澡，我要换衣服。”他高兴地站在水龙头下面，一边洗一边说：“洗洗洗，擦擦擦；洗洗洗，擦擦擦。”他太开心了，洗完澡，他说：“我要换衣服。”他一边穿干净的衣服，一边说：“穿穿穿，真高兴；穿穿穿，真高兴。”

小猪穿上了干净的衣服，朋友们都来和他玩了。大家玩得真开心呀！

八、我会叠衣服

教育目标：①愿意自己的事情自己做，初步掌握叠衣服的方法。②在成人的引导下能将衣服叠整齐，逐步养成良好的生活习惯。

活动准备：一箱叠好的衣服，一箱没叠的衣服。

活动重点：引导幼儿学习叠衣服的方法。

活动难点：幼儿初步掌握叠衣服的方法，脱下衣服后能够主动叠好。

活动过程：

1. 比一比，引入活动

出示准备好的两箱衣服，引导幼儿观察、比较：你喜欢哪个箱子里的衣服？为什么？

教师引导幼儿学习叠衣服的方法。

2. 幼儿练习叠衣服的方法

游戏“我来帮你，衣服娃娃”，每个幼儿拿件未叠的衣服进行练习。

幼儿叠衣服，教师指导能力较弱的幼儿，鼓励幼儿互相合作。引导幼儿将叠好的衣服放到箱子里。

九、打招呼

活动目标：①会用简单的礼貌用语与人打招呼。②乐于参与游戏，情绪愉快。

活动准备：①经验准备：有一定的打招呼的生活经验。②物质准备：音乐《找朋友》、小熊玩偶。

活动重点：学习简单的礼貌用语。

活动难点：能用不同的礼貌用语跟别人打招呼。

活动过程：

1. 教师进行情景讲述，激发幼儿参与游戏的兴趣

教师出示小熊玩偶进行讲述：小熊是个害羞的孩子，遇到陌生人时，不知道该怎样打招呼，所以他没有朋友，很苦恼。

调动幼儿想办法的积极性，来帮助小熊。

2. 学习与人打招呼的方法

鼓励幼儿说出自己的办法，怎样打招呼呢？怎么说呢？并现场演示。

启发幼儿说一说，还有哪些不同的打招呼的礼貌用语（早上好、早安、小朋友好、大家好等等）。

情景游戏，教师手拿小熊玩偶，请幼儿来跟小熊打招呼。

游戏“找朋友”：幼儿听音乐《找朋友》，在每一遍音乐结束后停下来，用不同的礼貌用语互相打招呼（教师扮作小熊参与其中）。

3. 教师总结

教师帮助幼儿梳理、回忆各种打招呼的礼貌用语。

鼓励幼儿做个勇敢、有礼貌的孩子，并学会主动与人打招呼。

第二节　中班养成教育的课堂活动设计

一、我会谦让

活动目标：①初步懂得同伴间要谦让，不争吵、不打闹并学会谦让的方法。②培养互相谦让的良好品质，懂得互相谦让的重要性。

活动准备：①经验准备：幼儿有谦让的经历。②物质准备：视频《小猪过桥》，视频《玩滑梯》，电视机。

活动重点：培养幼儿互相谦让的良好品质，懂得互相谦让的重要性。

活动难点：初步懂得同伴间要谦让，不争吵、不打闹并学会谦让的方法。

活动过程：

1. 手指游戏《一座小桥》

激发幼儿对活动的兴趣，引出活动。

2. 观看视频《小猪过桥》

教师提问：小黑猪和小白猪是怎么过桥的？最后结果怎么样？怎么做小黑猪和小白猪就不会掉到河里去呢？如果你是小白猪或者小黑猪，你会怎么做？

幼儿自由回答。

教师总结：小白猪和小黑猪都要过桥，因为他们过桥不谦让，所以谁也没过去，都掉进了河里，发生了不愉快的事。我们今后做事一定要学会互相谦让，这样事情才能更加顺利地进行下去。

3. 延伸活动

组织户外玩滑梯活动，进一步丰富幼儿经历，让幼儿愿意主动谦让同伴，体会谦让的快乐。

附：

小猪过桥

有一只小猪，身上长着白毛，大家叫他小白猪。还有一只小猪，身上长着黑毛，大家叫他小黑猪。小白猪和小黑猪都住在河边，小白猪住在小河东边，小黑猪住在小河西边，他们隔着一条河。这条河不宽，可是很深，“哗啦啦，哗啦啦”，河水一天到晚流着，这可怎么过河呀？还好，河上架着一根木头，这就叫作独木桥。独木桥很窄很窄，只能走一个人。小白猪住在小河东边，可是他的姥姥家住在小河西边，小白猪常常走过独木桥去看姥姥。小黑猪住在小河西边，可是他的爷爷家住在小河东边。小黑猪常常走过独木桥去看爷爷。有一天，天气很好，小白猪心里想：这样好的天气，我到姥姥家去一趟吧。小白猪就一边唱着歌，一边“嗒嗒嗒”地走上独木桥，向小河西边走去。这时候，小黑猪也一边唱着歌，一边“嗒嗒嗒”地走上了独木桥，原来小黑猪要到小河东边去看爷爷。小白猪朝西走，小黑猪朝东走，走着走着，走到桥中间，他们俩就碰头了。小白猪走不过去，小黑猪也走不过去。小白猪把头一抬，对小黑猪说：“退回去，快给我退回去！你知道吗，我要过桥看我姥姥呢！”小黑猪一听，也把头一抬说：“你退回去，你退回去！你看姥姥有什么要紧，我要过桥看我爷爷呢！”小白猪生气了，瞪着眼说：“你为什么要我退回去？是我先上桥的！你应该退回去，退回去！”小黑猪也生气了，大声说：“什么？你让我退回去！哼，是我先上桥的！你应该赶快退回去，赶快退回去！”说着说着，小白猪和小黑猪就吵起来了。他们越吵越凶，谁都不肯让谁。小白猪发脾气了，他抬起头，用鼻子对着小黑猪拱过去。小黑猪见小白猪冲过来，也抬起头，用鼻子对着小白猪拱了过去。只听见“咚”的一声，小白猪的头和小黑猪的鼻子撞在一起了，又听见“扑通”“扑通”两声，两只小猪都掉进河里了……

二、可以一起玩吗

活动目标：①幼儿尝试用礼貌用语大胆与别人交往。②幼儿学习文明交往行为，感受其中的快乐。

活动准备：①经验准备：有简单的交往经验，会简单的礼貌用语。②物质准备：音乐《找朋友》、小动物木偶。

活动过程：

1. 音乐游戏“找朋友”

教师：今天，我们要去木偶剧场看表演，请你找一个好朋友一起出发吧！

游戏规则：教师播放音乐《找朋友》，幼儿听音乐做动作，找到好朋友。

教师提问：小朋友，你应该怎么说，别人才愿意和你一起做游戏？幼儿自由回答。

幼儿进行“找朋友”游戏。

教师提问：小朋友，你是怎么找到朋友的？你是怎么说的？

幼儿自由回答。

2. 观看木偶表演

教师：表演马上就要开始了，让我们一起看表演吧！

表演一：小鸡和小鸭在草地上玩耍，小兔子跳过来想和他们一起玩，可他胆子小，不敢和大家说出自己的想法，于是小鸡、小鸭一起走开到别的地方去玩了。

教师提问：小鸡、小鸭为什么没有和小兔子一起玩？那么小兔子应该怎么做，怎么说？

幼儿自由回答。

表演二：小狮子来了，他没礼貌地把小鸡、小鸭正在搭的积木推倒了，独自玩了起来，小鸡、小鸭不高兴地离开了小狮子。

教师提问：小鸡、小鸭为什么没和小狮子一起玩？如果是你，你会怎么做，怎么说？

幼儿自由回答。

表演三：小狮子觉得自己这样做很不好，于是向小动物们道歉，并请求和他们一起玩。

教师提问：小狮子这样做对吗？其他小动物会怎么做？

幼儿自由回答。

3. 教师总结

当你想和小朋友一起玩的时候，你只要大胆地有礼貌地说出请求，小朋友就会接受你；当你想玩别人的玩具时，要友好、有礼貌地询问，等别人同意的时候，就能够一起玩了；当你意识到自己犯了错误的时候，要及时地道歉，这样别人原谅了你，才会继续和你做朋友，继续和你一起玩。

三、客人到我家

活动目标：①喜欢招待朋友，能够使用礼貌用语来接待客人。②接待客人时，知道主动倒水、分享玩具等。

活动准备：招待客人的视频。

活动重点：引导幼儿知道礼貌招待客人的方法。

活动难点：幼儿在实际生活中知道如何待客。

活动过程：

1. 通过谈话引出活动内容

教师提问：你们家里来过客人吗？客人来了，你的心情是怎样的？你是怎样招待客人的呢？

幼儿自由回答（提示使用礼貌用语，礼貌待客）。

2. 播放视频，引发讨论

教师：下面请小朋友们看一看这位小姐姐，她是怎样招待客人的。

播放第一段视频。

提出问题：当客人没进门时，你觉得这位小朋友做得好吗？哪些地方不合适？后来她又是怎么做的？如果你是她，你会怎样做？

幼儿自由回答。

教师总结：坐在沙发上，不主动接待客人，这种做法是不对的。

播放第二段视频（小主人主动开门迎接客人，主动倒水并和小朋友一起分享玩具）。

教师提问：这一次这位小朋友是怎样做的？你觉得她哪里做得特别好？为什么？

幼儿自由回答。

3. 教师出示图片进行总结，帮助幼儿积累经验

教师提问：客人来了，我们应该说什么？教师引导幼儿学习使用“你好、请、谢谢、不客气、再见、欢迎再来”等礼貌用语。我们还可以做什么？（热情地请客人进门，给客人递拖鞋，为客人端水，一起聊天，分享玩具，一起阅读图书等）。

4. 活动延伸：开展游戏《请到我家来做客》，和客人老师一起互动。

请客人老师到家中来做客。

教师：你们是中班三班的小主人，今天有几位客人老师来我们中班三班

做客，你们应该怎么做呢？谁愿意试一试？（请配班老师拿出道具：每人一杯水）

学生尝试使用礼貌用语招待客人。

四、快乐口袋

活动目标：①理解故事内容，感受故事中小动物们的快乐经历。②通过讨论，寻找让自己变快乐的好方法。③培养幼儿发现快乐、分享快乐，积极面对生活的良好品质。

活动准备：快乐的背景音乐、自制快乐口袋、故事《快乐口袋》。

活动重点：理解故事的内容，感受故事中小动物们的快乐经历。

活动难点：通过讨论，寻找让自己变快乐的好方法。

活动过程：

1. 出示自制口袋，引发幼儿对活动的兴趣

教师提问：请小朋友们看一看老师的手里拿着什么。你想用这个口袋装什么？猜一猜，小动物们往这个口袋里装了什么？

幼儿自由回答。

2. 教师讲述故事《快乐口袋》

请幼儿欣赏故事，让幼儿感受小动物们由快乐到不快乐，再到快乐的经历。

教师提问：小动物们对着快乐口袋分享了哪些快乐？后来，森林里发生了一件什么事？小动物们因为失去了自己的家变得很伤心、难过，他们又变快乐了吗？是什么让小动物们又重新快乐起来的？为什么？

幼儿自由回答。

3. 延伸与讨论

教师提问：你有不快乐的事情吗？后来是怎样让自己快乐起来的呢？说一说你的好方法。

幼儿讨论，寻找让自己变快乐的好方法。

4. 教师总结

当我们不快乐的时候，我们可以看看书、听听故事或者听听优美的音乐，找好朋友玩游戏……做一些自己喜欢的事情，让自己变得快乐起来。

5. 游戏：快乐口袋

出示快乐口袋，请幼儿将自己快乐的事情告诉快乐口袋，与小朋友进行分享，一起收集更多的快乐。

附：

快乐口袋

森林里住着一群可爱的小动物。他们每天都在一起劳动、玩游戏，大家都是要好的朋友。

这天，小猴在河边发现了一个神奇的口袋。这个口袋只能装一种东西，那就是快乐。只要你把自己的快乐对着口袋说出来，你的快乐就会被装进去。这个口袋太神奇了！

小孔雀跑了过来，对着口袋说："我在舞蹈比赛中得了第一名，我的心里呀，真快乐。"

小青蛙跳了过来，对着口袋说："我在稻田里捉了许多许多害虫，看到庄稼长得这么好，我的心里呀，真快乐。"

小鸟飞了过来，对着口袋说："妈妈病了，我捉了虫子喂妈妈吃。妈妈说我是懂事的好孩子，我的心里呀，真快乐。"

小象走了过来，对着口袋说："我昨天卷了许多木头帮山羊爷爷盖房子，看见山羊爷爷住进了新房子，我的心里呀，真快乐。"

小猪也来了，他对着口袋不好意思地说："我，我昨天打针没哭，妈妈说我变得勇敢了，我心里可真快乐。"听了小猪的话，小伙伴们都哈哈地笑了起来。

这么多快乐钻进了口袋，口袋一下子变得鼓鼓的。

小猴挠挠头说："你们说了这么多快乐的事情，我也要说一说。"小猴想了想，对着口袋大声说："我有这么多好朋友，心里真快乐。"

日子一天天地过去了，小动物们相亲相爱地生活在一起。

突然有一天，森林里着了大火，烧毁了许多小动物的家。小鸟和小猪伤心地哭了起来，大家都很难过。

小猴忽然想起一样东西，那就是快乐口袋。小猴飞快地取出快乐口袋，悄悄地解开了口袋上的绳子。啊！神奇的事情发生了，小伙伴们一下子想起了许许多多以前的事情，脸上慢慢露出了笑容。小象站起来说："大家别难过了。以前我们的生活多么快乐，现在我们一起动手盖新房子，我们还会和以前一样生活得快快乐乐。""对，对！"伙伴们一齐答应。他们马上动手盖起了新房子。过了几天，新房子盖好了，他们又开始种树、养花，自己的家变得更加漂亮了。

现在，这些可爱的小动物仍然相亲相爱地生活在一起，那个快乐口袋又变得鼓鼓的，因为小动物们每天都有快乐的事情对它讲。

五、垃圾不乱扔

活动目标：①知道不乱丢垃圾，并能把垃圾扔到指定的位置。②能保持环境整洁，养成良好的公共卫生习惯。

活动准备：①经验准备：有初步的垃圾投放的经验。②物质准备：故事挂图 4 幅。

活动重点：引导幼儿保持环境整洁，养成良好的公共卫生习惯。

活动难点：能表达自己的观点和感受，爱护整体环境。

活动过程：

1. 教师提出问题，引发幼儿讨论

教师提问：小朋友们，你们住的小区环境怎么样？为什么会这么干净？

幼儿自由回答。

教师总结：原来小区里有很多保洁叔叔、阿姨打扫，所以我们才能生活在干净的环境里。

2. 欣赏故事《窗外的垃圾》

教师提问：小动物们的楼房里发生了什么事情？结果怎样？垃圾堆成山

时，小动物们的心情怎么样？垃圾清理干净后，小动物们的心情又怎么样？小动物们明白了什么？

幼儿自由回答。

教师总结：环境干净整齐时，我们的心情也会很好，感觉也会很舒服，所以我们不能乱扔垃圾。

3. 结合生活，讨论垃圾的正确处理方法

教师提问：如果你看到小区有垃圾，你会怎么做？我们要把垃圾扔到哪里？看见别人乱扔垃圾的时候，你会怎么办？看见有清洁工在清理垃圾时，你会怎样做？看见我们幼儿园有垃圾时，你会怎么做？

幼儿自由回答。

教师总结：看见小区里有垃圾的时候，我们要把垃圾捡起来扔到垃圾桶里，还要注意垃圾分类放；看见别人随地乱扔垃圾时，我们要去制止他；看见清洁工在清理垃圾时，我们更要体会清洁工的辛苦；看见幼儿园有垃圾时，我们要把垃圾捡起来，放进垃圾桶里。所以，保护环境要从我们自身做起。

4. 活动延伸

在日常生活中引导幼儿进行垃圾分类。

附：

窗外的垃圾

在一幢楼房里，住着四只小动物。小狗住在一层，小猫住在二层，三层住的是小猴子，最高一层住的是小兔子。

一天早晨，红红的太阳升起来了。小兔子打开窗户说："天气多好啊，空气真新鲜！"小猴子打开窗子，把香蕉皮朝窗外一扔。小猫打开窗子，把鱼骨头朝窗外一扔。小狗打开窗子，把骨头朝窗外一扔。马路上堆起了一堆垃圾。

太阳晒在垃圾上，垃圾散发出一阵阵臭味，还招来了几只苍蝇。小狗、小猫、小猴闻到臭味都把窗子关上了。小兔子闻到臭味，把头伸到窗外一看，说："啊！原来窗外有一堆垃圾，我去把它扫掉吧。"

小兔子拿着扫把出来打扫垃圾。小猴子、小猫和小狗看见后，知道自己错了，他们赶快跑出来和小兔子一起打扫。一会儿就把垃圾扫完了，马路上又干净又整齐。

小猴子、小猫、小狗说："以后，我们再也不乱扔垃圾了。"他们回到屋里，都打开窗户说："空气真新鲜啊，马路上多干净啊！"

六、有始有终

活动目标：幼儿在内容的基础上，知道做事要有始有终。幼儿知道只有通过努力，坚持不懈，才会有收获。

活动准备：①经验准备：幼儿有坚持做完一件事情的经历。②物质准备：录音机、磁带。

活动重点：帮助幼儿懂得只有努力了，并且不断坚持才会有收获。

活动难点：幼儿理解并形成做事有始有终的好习惯。

活动过程：

1. 欣赏故事《七色花》

教师提问：故事里都有谁？发生了一件什么事？谁的种子开花了？谁的种子没开花？为什么蜜蜜的种子开出了七色花呢？

幼儿自由回答。

教师总结：蜜蜜知道克服困难，并坚持不懈。

2. 相互讨论，说说应该向谁学习

教师提问：我们应该向谁学习？为什么？蜜蜜除了坚持照顾小种子外，还做了哪些事情？

幼儿自由回答。

教师总结：我们要学习蜜蜜的勤劳和做事有始有终的好习惯。

3. 生活实际，创设情境

教师提问：小朋友们在拼插区玩玩具遇到困难时，应该怎么做？我们每个小朋友在自然角都种了小种子，我们应该怎么做？

幼儿自由回答。

教师总结：做任何事情都要付出辛勤的汗水，一直坚持下去才会有收获，如果我们不付出劳动，不坚持，就不会有收获，所以我们做事要懂得有始有终，养成好习惯。

附：

七色花

朵朵、花花、蜜蜜想要一朵七色花，仙女给了她们每人一颗种子，告诉她们要用汗水用心去浇灌。花花飞出了一身汗，她把汗水滴到地里，可是一点儿动静也没有，她放弃了。朵朵晒出了一身汗，她把汗水滴到地里，也是一点儿动静都没有，她也放弃了。蜜蜜记住了仙女的话，她用心地呵护着小种子。她的汗水滴到了地里，一滴、两滴、三滴……虽然又累又晒，但她还是坚持着没有放弃。

终于，蜜蜜的种子很快地发芽、长高，开出了一朵七色花。

第三节　大班养成教育的课堂活动设计

一、我和我的家人

活动目标：①体会家人的感受，大胆说出自己的想法。②了解家人的需要，在懂得关爱的基础上给予家人力所能及的帮助，为养成懂得关爱和感恩的习惯打下基础。

活动准备：①经验准备：对家人给予自己的爱有过初步的感受和交流。②物质准备：故事《杜鹃鸟》的视频、图片，小姐姐做家务等内容的录像，关爱家人的表格。

活动重点：引导幼儿学会关爱家人。

活动难点：幼儿能够换位思考，理解家人的做法与感受。

活动过程：

1. 观看故事《杜鹃鸟》视频，请幼儿谈感受

请配班老师播放视频故事，教师与幼儿一起欣赏。

创设问题情境，与幼儿互动，引导幼儿体验妈妈生病时的痛苦及需要得到的关心与帮助。

教师提问：看了视频你的心情是什么样的？妈妈为什么要离开她的孩子？你生过病吗？你生病的时候有什么感受？妈妈是怎么照顾你的？得到了妈妈的照顾，你又有什么样的感受？

幼儿自由回答。

教师总结：小朋友刚才都说出了自己的感受，知道了妈妈在生病的时候很痛苦，我们要关心和照顾妈妈。这样，妈妈就会觉得很快乐，身体也会很快地好起来。

2. 出示照片，进一步讨论

分组讨论交流，进一步引导幼儿感受家人的需要，给予家人力所能及的帮助。

教师：妈妈在生病的时候需要我们做一些力所能及的事情，需要我们的关心和照顾。那么，我们应该怎样对待家里的其他人呢？

出示爸爸做饭的图片，引导幼儿讨论。

教师：爸爸做饭的时候，我们可以做哪些力所能及的事情呢？（帮助家人，珍惜劳动成果等）

出示图片：妈妈收拾屋子；老人。

教师：妈妈在做什么？她怎么了？我们可以做什么？爷爷奶奶、姥爷姥姥需要哪些帮助？你会怎么做呢？

3. 分享讨论结果

幼儿交流小组讨论结果，教师根据实际情况，通过提问进行适时引导。

教师总结：刚才小朋友们已经讨论出我们应该怎样做了，想一想，你们为什么要这样做？这样做了以后，他们会怎么样呢？

4. 活动延伸

观看视频录像，帮助幼儿把自己想法与实际行动联系起来，丰富幼儿的生活经验。

二、节约用水，从我做起

活动目标：①懂得节约用水，从我做起，有初步的节约资源的意识。②愿意参与宣传活动，在活动中体验快乐。

活动准备：

经验准备：①简单了解水在生活中的用途。②记录生活中浪费水资源的不当行为。

物质准备：①多媒体宣传片：《地球的“渴”望》；②教师设计好的节水宣传画白描图若干，范例一份，彩笔、油画棒若干。

活动过程：

1. 导入话题

通过谈话导入活动：水有哪些用途？如果没有水，地球将会怎样？

2. 观看宣传片并交流

观看多媒体宣传片，请幼儿交流、感受水在人们生活中的作用及其重要性，让幼儿知道节约用水要从自身做起。

教师进一步提出问题：我们应该怎样做？

请幼儿把与家长讨论的生活中节约用水的好办法与小伙伴一起分享。引导幼儿交流、讨论节约用水的方法。

3. 教师总结

用过的水可以二次利用：洗过衣服的水可以用来擦地、洗车、洗鞋子，洗菜和洗手的水可以用来冲厕所等。洗手时要按照正确的方法洗，打肥皂时要关上水龙头，水不要开得太大等。

4. 活动：小小宣传员

教师提问：如何让更多的人知道节约用水？引发幼儿思考，生成新的活动——小小宣传员。

请幼儿欣赏节约用水宣传画，为设计宣传单做准备。

幼儿自由分组、共同制作节约用水的宣传广告。

5. 活动延伸

在傍晚离园环节开展小小宣传员活动，向幼儿及家长发放节约用水宣传单。

三、好好保管学习用品

活动目标：①为学习用品作标记。②懂得保管好自己的学习用品，用完放回原处。

活动准备：失物招领盒、统计表若干、铅笔盒每人一个。

活动过程：

1. 创设问题情境，引发讨论

出示失物招领盒，幼儿观察现象，发现问题。

讨论：怎样才能知道我们的铅笔盒里有哪些学习用品，有多少？怎么才能知道我们的学习用品丢了没有？

2. 统计铅笔盒中学习用品的种类和数量

幼儿学习统计铅笔盒中学习用品的种类和数量。

请个别幼儿讲述自己的统计结果，边讲述边对照学习用品进行检查。

请幼儿对照学习用品检查自己统计的是否正确，并互相讲述，互相帮助检查。

把统计表贴到铅笔盒里，懂得随时利用统计表检查自己的学习用品。

3. 游戏：找一找

教师有意从幼儿铅笔盒里拿走一些学习用品，请幼儿利用统计表进行检查，找一找什么不见了，并把它们找回。

4. 活动延伸

为学习用品制作标记，并能根据标记找回自己的学习用品。

尝试统计其他学习用品。

四、设计制订《看书公约》

活动目标：①喜欢参与讨论、交流活动，能积极想办法解决问题。②知道“公约”的含义，尝试制订《看书公约》。③养成遵守规则的好习惯。

活动准备：一些常见的提示、禁止、注意的标志，讨论表格。

活动过程：

1. 教师出示简单的标志，讨论这些标志的作用

分别出示表示“安静”和“禁止”含义的标志，请幼儿观察后说说标志的特点。

教师提问：这些标志告诉我们什么？

请幼儿围绕问题讨论标志的含义。

教师总结：生活中有很多标志，有表示提示的，有表示禁止的……标志时刻都在提示我们要注意遵守规则。

2. 引导幼儿寻求解决问题的办法：制订图书区的《看书公约》

出示一些图书区的问题照片，请幼儿看一看、说一说。结合问题照片与幼儿讨论，为什么会出现这样的问题，大家要怎么做。

启发幼儿思考解决问题的方法：制定一个《看书公约》，放到图书区，提醒看书的小朋友。

教师提出新的问题：《看书公约》中应该有哪些内容？引导幼儿想一想《看书公约》的内容。

教师针对幼儿的想法进行总结、梳理、提升，为幼儿制订《看书公约》做准备。

请幼儿自愿结组，制订《看书公约》。教师巡视，给予适时指导。

3. 展示与交流

集中幼儿，展示各组制定的《看书公约》，请幼儿观看、交流。和幼儿一起找出公认的标志，共同制定一个内容全面、标志规范，让大家都能看懂的

《看书公约》。

4. 活动延伸

将《看书公约》贴到图书区，请大家互相监督，共同遵守规则。

五、我会用“因为……所以……”

活动目标：①对“因为……所以……”关联词感兴趣，会正确运用。②能够运用“因为……所以……”句式进行完整表述。③养成良好的语言表达习惯。

活动准备：①经验准备：幼儿收集关于“风”的资料，并作为本节活动幼儿学习使用“因为……所以……”句式的话题。②物质准备：能够使用“因为……所以……”句式表述的图片；“因为……所以……”句式卡。

活动过程：

1. 引入活动

组织幼儿，引导幼儿认识“风”，讨论关于“喜欢风还是不喜欢风”的话题，引导幼儿理解“因为……所以……”的句式以及如何运用。

组织幼儿阐述“喜欢风与不喜欢风”的理由。

针对幼儿表述的情况，教师引导幼儿用“因为……所以……”句式表述自己的理由，出示“因为……所以……”句式卡并做示范表述。

引导幼儿用“因为……所以……”的句式完整表述自己喜欢风与不喜欢风的理由。

教师总结：使用“因为……所以……”的句式，可以让我们回答问题更清楚，更完整。在“因为”这个词后面说的是喜欢或不喜欢的原因，在“所以”这个词后面说的是结果。

2. 调动幼儿的生活经验进行表述

教师借助日常生活中的事件通过提问的方式，请幼儿用“因为……所以……”句式来回答问题。

教师总结：刚才我们用“因为……所以……”句式说明了我们喜欢风与

不喜欢风的理由，在日常生活中如果有人就一件事情问我们“为什么”时，我们也可以使用“因为……所以……”的句式来回答。

教师出示 1 ~2 张图片，引导幼儿用“因为……所以……”的句式回答图片上的问题。鼓励幼儿回答的理由可以各种各样。

通过分组的形式，引导幼儿相互提出问题，用“因为……所以……”句式回答问题，并使用“因为……所以……”句式卡，鼓励幼儿用自己的方式进行记录。

分享与交流：将部分幼儿记录的句式逐条进行展示，回顾幼儿之间的问题，并引导幼儿使用“因为……所以……”句式完整回答小朋友们提出的问题。

3. 教师总结，活动自然结束

今天，小朋友们学会了用“因为……所以……”关联词来清楚、完整地回答问题，希望今后小朋友们能在日常生活中经常用到。

六、哥哥姐姐对我说

活动目标：①幼儿了解小学生活，激发幼儿对小学生活的向往。②积极思考，敢于提出疑问，并大胆地与小学生和老师进行交流。

活动准备：①经验准备：幼儿参观了小学校园的环境，参加了升旗仪式。教师与幼儿交流了参观小学校园的感受，收集了幼儿的问题，与将要来园座谈的小学生和老师进行过沟通。②物质准备：反映学校生活的照片。③其他准备：邀请前锋学校的一位教师和两名小学生来幼儿园座谈。

活动重点：帮助幼儿进一步了解小学生活，大胆地与小学生和老师进行交流，激发幼儿对小学生活的向往。

活动难点：能够积极思考，敢于询问自己想要了解的信息。

活动过程：

1. 认识新朋友，欢迎新朋友，请新朋友作自我介绍

教师提问：我们请哥哥姐姐或者老师回答问题的时候，我们要怎么做呢？

幼儿自由回答。

教师提示：首先要作自我介绍；提问时要把问题讲清楚；回答后要谢谢哥哥姐姐；如果对哥哥姐姐的回答不清楚，还可以再问。

2. 依次提问，请小学生和老师进行解答

幼儿提出想要了解的问题，请小学生进行解答；帮助幼儿梳理与哥哥姐姐问答时的要求。

3. 自愿结组，分组进行交流

分享交流结果，引导幼儿对小学生活充满美好的向往。

教师提问：刚才你们跟哥哥姐姐都聊什么了？你们又知道了哪些事情？

幼儿分享交流。

通过请哥哥姐姐讲述小学生活中有趣的事和欣赏照片的方式帮助幼儿消除对上小学的顾虑，让幼儿感受小学生活的快乐与丰富多彩。

4. 教师总结，活动自然结束

哥哥姐姐们介绍了小学的生活和学习，那他们上课的时候到底是什么样子的呢？你们想不想真正地听一节小学生的课？那么下一次老师就要带小朋友们走进小学课堂，感受一下小学生上课的样子。

参考文献

[1] 白莉芸．学中玩，玩中学——浅谈在游戏中培养幼儿的养成教育之策略［J］．学周刊，2018（01）．

[2] 曹琳芳．幼儿日常行为礼仪养成教育研究［D］．石家庄市：河北师范大学，2020.

[3] 程秀兰．基于实证视角的幼儿教育本质特征研究［D］．西安市：陕西师范大学，2013.

[4] 韩晓霞．如何在一日活动中渗透小班幼儿良好生活行为习惯的养成教育［J］．学周刊，2020（29）．

[5] 何梦．幼儿园心理健康教育现状及影响因素研究［D］．沈阳市：沈阳师范大学，2022.

[6] 江晖．家园共育视域下幼儿习惯养成教育现状的研究［D］．黄石市：湖北师范大学，2018.

[7] 雷锦．幼儿一日常规行为习惯养成教育问题与对策探析［J］．成才，2021（04）．

[8] 李本一．基于幼儿思维发展的数学教育策略［J］．河南教育（教师教育），2021（07）．

[9] 梁雅娟．浅谈幼儿德育教育的现状及应对措施［J］．今传媒，2020（04）．

[10] 林全霞．好习惯成就好阅读——幼儿早期阅读习惯养成策略探究［J］．亚太教育，2022（01）．

［11］刘美红．中班幼儿文明行为习惯养成教育的行动研究［D］．保定市：河北大学，2019.

［12］罗世兰，王智，张大均等．幼儿心理素质与良好行为习惯、问题行为的关系［J］．学前教育研究，2017（04）．

［13］吕小丽．培养幼儿良好行为习惯优化幼儿教育教学质量［J］．家长，2021（31）．

［14］裴蕊．幼儿园自然教育对幼儿心理发展的影响［J］．科教文汇，2022（11）．

［15］邵春红．幼儿园养成教育园本课程实施的个案研究［D］．黄石市：湖北师范大学，2022.

［16］谭映月．幼儿良好卫生习惯养成的方法研究［J］．文化创新比较研究，2020（11）．

［17］严虎．幼儿习惯养成教育的有效实施策略刍探［J］．成才之路，2019（36）．

［18］余琳琳．幼儿良好习惯养成教育的意义、内容及方法［J］．教育界（基础教育），2019（12）．

［19］余露，周涵，成云等．新时代幼儿美育的价值意蕴、现实困境与改进策略［J］．成都师范学院学报，2023（04）．

［20］余世霞．民间游戏促进幼儿社会化发展的实践研究［J］．文化产业，2020（15）．

［21］周晨怡．“生活化”教育理念下幼儿劳动意识养成教育的路径探析［J］．新智慧，2023（02）．

［22］周艳，王俊丽．幼儿养成教育的有效策略——以小班幼儿生活自理能力的实践研究为例［J］．基础教育论坛，2020（11）．

图书在版编目（CIP）数据

幼儿园养成教育的理论与实践 / 杨梅芳著. -- 湘潭：湘潭大学出版社，2023.10
ISBN 978-7-5687-0762-6

Ⅰ. ①幼… Ⅱ. ①杨… Ⅲ. ①学前教育—教学研究 Ⅳ. ①G612

中国国家版本馆 CIP 数据核字（2023）第 196821 号

幼儿园养成教育的理论与实践

YOUERYUAN YANGCHENG JIAOYU DE LILUN YU SHIJIAN

杨梅芳 著

责任编辑：刘文情
封面设计：张　波
出版发行：湘潭大学出版社
社　　址：湖南省湘潭大学工程训练大楼
电　　话：0731-58298960 0731-58298966（传真）
邮　　编：411105
网　　址：http://press.xtu.edu.cn/
印　　刷：长沙创峰印务有限公司
经　　销：湖南省新华书店
开　　本：710 mm×1000 mm 1/16
印　　张：12.25
字　　数：201 千字
版　　次：2023 年 10 月第 1 版
印　　次：2023 年 10 月第 1 次印刷
书　　号：ISBN 978-7-5687-0762-6
定　　价：60.00 元